U0598768

跟着大师去旅行

(1)

【周海霞　矫黎晗】编

吉林出版集团
有限责任公司

图书在版编目（CIP）数据

跟着大师去旅行. 1 / 周海霞　矫黎晗编.
— 长春: 吉林出版集团有限责任公司，2013.10

ISBN 978-7-5534-3394-3

Ⅰ.①跟… Ⅱ.①周… ②矫… Ⅲ.①名胜古迹－介
绍－中国 Ⅳ.①K928.7

中国版本图书馆CIP数据核字（2013）第237919号

跟着大师去旅行.1

编　　者：	周海霞　矫黎晗	
责任编辑：	耿　宏　孟祥北	
出　　版：	吉林出版集团有限责任公司	
发　　行：	吉林出版集团社科图书有限公司	
电　　话：	0431-86012753	
印　　刷：	三河市德辉印务有限公司	
开　　本：	690mm×940mm　1/16	
字　　数：	195千字	
印　　张：	13	
版　　次：	2014年1月第1版	
印　　次：	2014年1月第1次印刷	
书　　号：	ISBN 978-7-5534-3394-3	
定　　价：	29.80元	

如发现印装质量问题，影响阅读，请与印刷厂联系调换。0316-3651309

目录
contents

1

北京文化名胜

中国现代文学馆

中国现代文学馆是在党中央亲切关怀下建成的一项重点文化工程。1985年3月，现代文学馆在北京西郊万寿寺开馆，由于不能在此长期使用，故需移址重建。中国现代文学馆从北京西三环北路的万寿寺，搬迁到北京北四环北路芍药居文学路45号新址后，重新开馆。

新的馆址占地46亩，建筑面积1.4万平方米。1996年11月25日举行奠基仪式；1998年2月14日正式动工，1999年9月20日竣工。

2000年5月23日（即毛泽东《在延安文艺座谈会上的讲话》58周年纪念日）正式对外开馆。

中国现代文学馆是中国现代文学的资料中心，集文学博物馆、文学图书馆、文学档案馆和文学资料研究以及文学理论研究、文学交流的功能于一身。主要任务是收集、保管、管理、研究中国现当代作家的著作、手稿、译本、书信、日记、录音、录像、照片、文物等文学档案资料和有关的著作评论以及现当代文学期刊、报纸等，是我国20世纪文学的宝贵矿藏，是世界上最大的现代文学宝库。

中国现代文学馆的收藏面很广，凡二十世纪以来的新文学资料都在征集收藏之列，包括港澳和台湾以及海外华文作品和资料。现代文学馆现有藏品30余万件，其中书籍19万册、杂志2100种（9万余册）、报纸142种、手稿10970件、照片8282件、书信7887件、录音带453盘、录像带773盘、文物2959件。对作家整批捐赠的藏书等文学资料，建立了以其姓名命名的文库。目前已建立的有巴金文库、冰心文库、唐弢文库、张天翼文库、周扬文库、俞平伯文库、丁玲文库、夏衍文库、阿英文库、萧军文库、姚雪垠文库、萧乾文库、张光年文库、刘白羽文库等55座。其中港澳和台湾及海外华文作家的文库有李辉英文库、林海音文库、

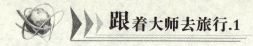

卜少夫文库、周仲铮文库等。

文学馆已经编辑出版的学术资料有《中国现代作家大辞典》《当代台湾作家代表作大系》《作家书信集丛书》《中国现代文学百家》丛书等。

与此同时，还与国内外各界进行了广泛的交流活动。先后单独或联合主办了巴金创作生涯六十年展览、冰心创作生涯七十年展览、老舍创作生涯展览、叶圣陶创作生平展览、茅盾百年纪念展览以及沙汀、艾芜、阳翰笙、臧克家、萧乾等17个作家作品及生涯展览。新馆建成之后，又举办了二十世纪文学展览、作家文库展览、文学大师风采展览和中国现代文学馆藏书票原作展等。

新馆设有四个面积分别为500平方米的展厅。底层和一层展厅为可更换展厅，二层和三层展厅为固定展厅。开馆时一层展厅展出"20世纪文学大师风采展"。展出鲁迅、郭沫若、茅盾、巴金、老舍、曹禺、冰心七位文学大师的写作和生活环境的模拟实景。

二层展厅展出"中国现当代文学展"，回顾中国文学的百年辉煌，集中展示作家群体和经典作品的风貌。

三层展厅展出"作家文库展"，共展出51位作家的个人"文库"和18位作家的模拟书房，全部都是作家捐赠的藏书和实物。展厅四壁上的大书架共收藏属于"作家文库"的藏书8万余册。

除四个小展厅外，还设有一个面积为320平方米、设有周声传译设备，可提供5种语言同声传译的多功能厅。开馆时展出"中国现代文学馆藏书票原作展"，展示53位当今国内最有影响的画家为文学馆创作的藏书票，是一次藏书票精品的大荟萃。多功能厅可供举办学术研讨会、讲演会、纪念会和联谊活动使用。

书库共有820平方米，装有密集书架，目前此库中藏书11万余册，全都实现电脑检索，并在每册书上贴有条形码和识别电子元件，便于实现电脑管理和开架阅览。

作家手稿面积270平方米，藏有手稿1.1万份，是目前国内最大和最权威的作家手稿库。"唐弢文库"是"作家文库"中最具代表性的一座，共拥有杂志1.5万册，图书3.5万册，其中有许多是孤本，有极高的参考价值和文物价值，是国家级的中国现代文学资料个人藏书库。"唐弢文库"有单独的存放地点。

文学馆坐落在设计别致的园林中，充满了浓郁的文学艺术氛围。现在开放的文学馆新馆只是总体规划的一期工程，其中展厅面积明显窄小，作家分室文库尚未建立，已显得拥挤，还远远满足不了著名作家文库的陈列要求，同时也缺少儿童文学阅览专室。

目前，文学馆管理实现了现代化。配有电脑管理系统和先进的保管、检索、复制、复印和阅读设备，实现信息国际互联网，能为读者提供周到的服务。还有电视拍摄厅和后期制作室。

中国现代文学馆的特色是令人神往的。中国现代文学馆在建筑和布展上是有创新的。概况说来有九绝。这九件宝贝，个个精彩，个个别出心裁，个个令人叫绝，所以，被誉为"九绝"。

当你走进中国现代文学馆大门时，你可以看到一绝："巨石影壁"。文学馆门口放置一个影壁，是一块完整的大石头。这块巨石来自山东莱州（古称叶县）盛产的樱花石，长方形，八米长，两米半高，厚一米，约五十吨重。

巨石是临街的，可以驻足细看。它有诗一般的意境和震撼。它是一件巨幅的艺术品，是巴金题字刻石。

在石头顶部，刻意削成山状，追求残缺美，像篆刻印章的"打边儿"。阳光一照，山峦叠起，见棱见角，有亮点，有阴影，很有层次，非常自然，不露人工雕琢的痕迹。

在迎街的正面，并不刻馆名，而是找一段巴金老人的话刻上巨石。

这段话是："我们有一个多么丰富的文学宝库，那就是多少作家留下来的杰作，它们支持我们，鼓励我们，使自己变得更善良，更纯洁，对别人更有用。"背面，也找一段巴老的话刻上："我们的新文学是表现我国人民心灵的丰富矿藏，是塑造青年灵魂的工厂，是培养革命战士的学校。我们的新文学是散播火种的文学，我们从它得到温暖，也把火种传给别人。"

巴金的话富有哲理，而且为中国现代文学馆"点了题"，把新文学的使命交代得清清楚楚。

石影壁上的每个文字有饭碗一般大小，竖行，略带魏碑味儿，阴文。字体不涂金，不着色，就靠自身的深浅，和光线的强弱反衬。山东石材有个特点，人工打磨之后色深，不人工打磨的色浅。有字的石材表面事先打磨一下，呈粉色，字体本身经雕刻，下凹，现出石头本色，呈浅灰色，正好有反差。

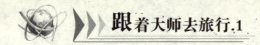

　　馆名既然不刻在影壁上，就要安排在墙体上。文学馆曾请三位文学巨匠题名：叶圣陶、冰心、巴金。在新馆建设中，江泽民主席又为新馆题写了馆名。共有四个题名，文字一样，字体不同。这就是第二绝："四个馆名"。

　　江主席的题名安排在两个主厅的入口上方，呈匾额状。三位老人的题名分别安排在主体建筑的三个墙体上，东、北、西三面，一面一个，直接刻在墙面白大理石上，白底黑字，有署名，有红印，高高在上。

　　文学馆东门是巴金题名；文学馆西门是叶圣陶题名；文学馆北门是冰心题名，参观者可以转着圈地看，倒也别致。

　　文学馆的外墙做得极讲究，用新疆北部开采出来的新疆红花岗岩石板，抛光后干挂，整体呈酱红色。窗框是用白大理石镶边的。这一红一白，很耀眼，很漂亮。这种色调搭配具有强烈的民族传统风格。整体墙面干挂红色花岗岩板，近看显得极其华丽，远看恰似一大红布块。为此在"大红布"上加设了浮雕块，让一百朵艳丽的鲜花在墙面上绽放。选用河北曲阳县一种叫"草白玉"的石材，较之汉白玉更耐酸耐雨，以它为原料，打破80×80厘米方料，选郭沫若先生著名诗集《百花齐放》上的插图木刻图案为蓝本，雕成浮雕。

　　"百花齐放、百家争鸣"方针是我国文艺的最高指导方针。将《百花齐放》图案移至文学馆的外墙面上，其寓意不言自明，不失为一种形式和内容高度统一的追求。这就是中国现代文学馆的第三绝："百花齐放"浮雕。

　　第四绝是巴金手印门把，着属学馆的独创。巴金手印门把装在每一扇进出文学馆的玻璃大门上，成为文学馆一景。巴金这只手写出了几十卷的著作，译出了几十本的外文书，写下了《家》和《随想录》，这只手妇孺皆知，这只手闻名天下，这只手引来无尽的兴奋和感慨，人人都要去轻轻摸它一下，推着它进门。每个人从接触这特殊的门把的一刹那开始，人们便开始激动了，跟随大师走进一座神圣的文学殿堂。

　　文学馆大堂迎面有两扇大玻璃墙，左右分立在大门的两侧，每侧有14米长，36米高，相当两幅14×36米整幅的玻璃大画，就在此制作成了大型彩色玻璃镶嵌壁画。这是文学馆第五绝：彩色玻璃镶嵌壁画。

　　画面上是中国现代文学作品的人物形象。经过和画家反复探讨，决定选"鲁、郭、茅、巴、老、曹"六大文学巨匠的各一部代表作内容来作画。它们是鲁迅的《祝福》、郭沫若的《女神》、茅盾的《白杨礼赞》、巴金的《家》、老舍的《茶馆》和曹禺的《原野》。这六组画各自有一幅主画，两幅副画和六幅背景画。六组彼此相连，形成两堵巨大的画墙，逆光看去，五光十色，十分抢眼。

作家签名瓷瓶，是第六绝。文学馆大堂里有一对巨大的青花瓷瓶，大瓷瓶有三米半高，各重一吨多。上面有五千余名中国作家协会会员的签名。作家名字按汉语拼音的顺序排列，相当好找。观众可以很容易地找到自己喜爱的作家的名字。

七绝：大油画。在文学馆里专设有油画厅，这不算奇，也不算绝。油画厅相当大，左右两扇墙各有18米长。两幅油画的外尺寸是18×28米。油画总面积为一百平方米，相当一个巨型长轴。中国画的长轴方式在油画里找到了移植的对象。

油画之绝不在画面的大小，而在内容。画家可贵之处在于他们对事业的严肃认真，有创作力和善于思考。两位画家精心研究了中国现代文学作品，选择了两个主题：一个是中国现代文学名著中的"受难者"，另一个则是"反抗者"。纵观中国现代文学，伟大启蒙者们是从描写人间悲剧开始的，那便是受难；由受难，自然延伸到批判，包括思想的批判和行动的批判，那便是反抗。所以一幅是"受难者"，另一幅是"反抗者"便顺理成章了。

画家埋头苦画，画了整整一年半。他们成功了。画面搬到新馆过厅之后，经过组装和最后润色，受到了前来观看的专家的一致称赞，以为是一件难得的真正表现时代旋律的大作品。

在当今的中国壁画中，它被誉为现代壁画的第二个里程碑。文学馆第八绝就是："作家雕像"。文学馆园林中立着十三尊作家雕像，尺寸皆真人大小，但可以是全身，也可以只是一张脸；有铜的，有大理石的，还有铁质的；可以是立体的，也可以是浮雕；多数直接立在草地上，像生活中的普通人一样。他们是鲁迅、郭沫若、茅盾、巴金、老舍、曹禺、叶圣陶、冰心、沈从文、朱自清、丁玲、艾青和赵树理。

"鲁迅"雕像，有两米高，只有一张脸，而且半边脸上什么也没有，没有眉，没有眼，平平的，另一半脸上有一条眉一只眼，鼻子下面是一把胡子，再也没了，但整体看，活脱一个鲁迅先生。绝了，手法非常现代。杨振宁博士由美国来，围着"鲁迅"雕像看了整整十五分钟，以为是一件了不起的杰作。

"老舍先生、曹禺先生、叶圣陶先生"虽是由三位雕刻家分头雕，但三个

作家雕像却是有机的一组：两位老者坐在椅子上对谈，曹禺站在椅后饶有兴致地听。靠背长椅也是铜的……

如果说大油画是一组长诗。那么，这十三尊雕刻，就是十三首短诗，因为它们个个是"热"的，含着激情，迸着火花，非常抒情，又饱含智慧。

在文学馆东门内小广场上，在两列罗马柱廊中央，有一尊文学馆的主体雕刻，是一块奇石。体积巨大，像一尾展开的孔雀屏。中心有一个溜溜圆的孔，透空，而且连着一个缺角，是一个逗号。是"逗号"石！这就是文学馆第九绝——奇石"逗号"。中国古典文学没有任何的标点符号。逗号，是现代。逗号，没有完结，一直延续到当代。哇，天然的一个文学馆馆徽。巨大的，天生的，奇巧的馆徽。后来，经过细心设计，逗号被设计成了一个小巧的文学馆徽章。

九绝，是个象征的说法，因为文学馆不止有九绝，除了藏品展品之外，它还有不少宝贝，它们装点文学馆，美化文学馆，相信每个参观者都能自己发现更多的绝妙之处。

中国现代文学馆与巴金

由巴金倡议，1985年建立了中国现代文学馆。

1985年3月，现代文学馆在北京西郊万寿寺开馆，巴金到场祝贺，这是他最后一次到北京。由于万寿寺是文物保护单位，不能作为永久性的参观地点，1993年，巴金致信江泽民，希望能够新建文学馆。新馆于1996年11月25日在朝阳区芍药居附近奠基，1999年竣工，2000年5月23日正式开馆。

在中国现代文学馆大门处有巨石影壁，那是巴金题字刻石；巴金的铜制手印镶嵌在新馆的大门上，引领着参观者步入现代文学的殿堂。巴老的塑像伫立在新馆的院子里，见证着文学馆的风雨历程。巴金还把自己珍藏多年的图书、杂志、报纸、手稿、书信、照片、文物捐给了文学馆，共7665件。1994年又捐出了1927年他在法国主编的《平等》杂志，23期合订本，是国内孤本；两位著名的无政府主义革命家于1927年6月和7月由美国狱中写给巴金的亲笔信；1950年在波兰举行的第二次世界和平大会的纪念册，上面有巴金征得的几十位世界名人的签名，是"国宝"级的文物。

巴老曾表示建立现代文学馆是他"人生中的最后一件工作"。但因为病重，新馆建成后，他始终没有来过这里。但他心中永远挂念中国现代文学馆的完善和发展。

2005年10月17日晚，巴金逝世的噩耗从上海传来，中国作家协会便连夜在北京中国现代文学馆布置吊唁厅。

坐落于北京正北部安苑东路的芍药居文学馆路45号的中国现代文学馆在门口挂出"沉痛悼念巴金主席"的黑色横幅。灵堂设置在文学馆一楼大厅，悬挂于大厅中央的遗像是巴金家人提供的一张其在上世纪80年代回眸一笑的照片，戴着大黑边眼镜的巴老慈祥地微笑着，照片的周围配以高山河流与蓝天的图案，寓意巴老广阔的胸怀。遗像下方，则摆放着女儿李小林的白色菊花花篮，端正地写着"爸爸，安息吧"，让人很是悲痛。

下午6点半，温家宝总理和公安部长周永康敬献的花圈摆进了灵堂。中国作协的各个部门以及党组成员都送来了花篮、花圈。来自中国作家协会、作家出版社、鲁迅文学社等单位和王蒙等知名作家敬献的花圈摆放在两旁。悼念的读者也陆续到来。门口的几个留言本写满了人们对文学巨匠的怀念和尊敬。

王蒙用"一颗巨星陨落了，一面旗帜倒掉了"来表示对巴老仙逝的惋惜。

蔡元培故居

蔡元培（1868-1940），字鹤卿，号孑民，浙江绍兴人。革命民主主义者，著名教育家。光绪十六年（1890年）中进士，甲午战争后，接触西方资产阶级社会政治学说，同情维新派。1902年在上海组织中国教育会，同年冬天又创设爱国学社，宣传"排满革命"。后赴法留学，直至辛亥革命后才回国。回国后任南京临时政府教育总长，1917年起任北京大学校长，主张新旧思想、兼容并包，五四运动爆发后离开北京大学。1927年后，历任国民党政府大学院长、中央研究院院长。九一八事变后，主张抗战。1932年与宋庆龄等发起组织中国民权保障同盟。抗日战争爆发后，移居香港，拥护国共合作。1940年3月在香港病逝。周恩来同志为他作的挽联概括了他的一生："从排满到抗日战争，先生之志在民族革命；从五四到人权同盟，先生之行在民主自由。"蔡元培虽被誉为"学界泰斗"，官职也不算低，但生活却

跟着大师去旅行·1

7

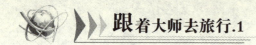

非常简朴。他先后在西城、宣武、东城居住过。但唯独将东城的东堂子胡同75号确定为他的故居，并作为文物保护单位是因为这里与伟大的五四运动有密切关系。运动原定于1919年5月7日举行。但在5月3日即已传来消息："国务院已发出密电，令代表在《巴黎和约》上签名。"此消息告之蔡元培校长，当晚，蔡元培就召集北大部分学生代表罗家伦、傅斯年、康白情、段锡朋等到家，告知此消息。代表们连夜讨论商议，认为事不宜迟，于是第二天便爆发了震惊世界的五四运动。后来北京大学秘书长郑天挺在一次纪念五四运动上还提到此事，他说，运动原定于5月7日举行，后因事不宜迟，国际压力已来，于是提前了，这消息是蔡先生传来的。因此，尽管东堂子75号院很简陋，但意义重大，故定为蔡元培故居保留下来。该宅原门牌为33号，有东、西各三进院落。原大门在中间，面阔一间，马车可一直走进去。门为红色。现该院分为75、77号两个院子，75号在东边又开一小门，原大门改成一间住房。进门西为五间倒座房，为蔡元培寓。此时的客厅，改房为合瓦硬山清水脊，面阔1435米，进深445米，玻璃门窗。二进院北房三间，合瓦硬山清水脊顶，前有走廊，左右各带一间耳房，面阔约10米，进深525米；东西厢房各三间，合瓦硬山清水脊顶。南房四间，面阔12米，进深6米。正房的西耳房原有门通西院（今77号）。第三进北房五间，前带走廊，西边两间现属77号。该院除另开大门及院内搭建了些小房外，主要房无大变动，只是走廊被接出来了。

北京鲁迅博物馆和鲁迅故居

北京鲁迅博物馆在阜成门内大街路北。馆西侧四合院（宫门口西三条21号）为鲁迅故居。鲁迅博物馆是在鲁迅故居旁修建的陈列室，成立于1956年，于当年10月19日向社会正式开放。1981年在鲁迅诞辰百周年纪念日前夕，又进行了较大规模地扩建。博物馆收藏有鲁迅文稿、诗稿、译稿2000多页，书信1200多封，辑录古籍2200多页以及20多年完整的日记。此外还有16万册藏书和上千件鲁迅先生的遗物。

博物馆的展室共分八个部分：绍兴（1881–1898）；南京（1898–1902）；日本（1902–1909）；杭州、绍兴、南京（1909–1912）；北京（1912–1926）；厦门（1926–1927）；广州（1927年1月–9月）；上海（1927–1936年）；最后以

"纪念鲁迅、学习鲁迅"一组展品作为结束。

在鲁迅博物馆大门内的左边,有一个汉白玉石拱形圆门,额上写着"宫门口西三条旧址"几个镏金楷书,由此前行就会见到一个小小的黑色双扇院门,这就是鲁迅先生的故居,鲁迅从1924年5月至1926年8月就住在这里。这是一座简朴的小四合院。院门是向南开着,迎面是"影壁"。院中有三棵丁香树,是鲁迅1925年手植的。院的北面是三间正房,进门正中的一间,是全家起坐、洗漱和吃饭的地方。东边的暗间是母亲鲁瑞的住室。墙上挂着质朴而慈祥的母亲的画像。西边的暗间是鲁迅的藏书室。

在正房的明间,又往后接出去一个"灰棚",这就是鲁迅的工作室兼卧室、有名的"老虎尾巴"了。南壁全是玻璃窗,窗下是木板床。西壁下有两个茶几。两壁上挂着对联。靠东壁是一个衣箱、一个三屉桌和一个未捕攘的杂品架,衣箱上经常是堆满了书。桌上放着砚台、钢笔架、毛笔、茶杯、烟缸、闹钟之类,还有一块汉砖和一盏普通煤油灯。书桌上方墙壁上挂着一张照片,是鲁迅在日本仙台医专的老师藤野严九郎。鲁迅曾在这里夜以继日地工作着,后来编辑出版的杂文集《华盖集》《华盖集续集》,小说集《彷徨》的大部分,以及散文集《野草》都是在这里写成的,同时还翻译了不少外国文学作品。

故居的南方是两明一暗的套间,布置得同样简朴。这里是他的藏书室兼会客室,室内陈设着书籍、书柜、方桌等。为了保存鲁迅故居,解放后进行过五六次修整油漆粉刷。

郭沫若故居

郭沫若(1892-1978)作家、诗人、历史学家、考古学家、古文字学家和社会活动家,四川乐山人。1921年组织"创造社",并出版了第一部诗集《女神》,抗日时期创作的《屈原》《虎符》等历史剧及大量诗文,都具有强烈的现实性和战斗性。建国后,发表了《蔡文姬》等历史剧作。1978年6月1日病逝于北京。

风景秀丽的什刹海西岸,松柏翠绿,环境幽美,这里原是清朝权相和珅的一座花园。后成为恭王府的前院,用作草料场和马厩。清亡后,恭清王后代把王府和花园卖给了辅仁大学,把此处卖给了乐家药铺作宅园。解放后,这里曾是蒙

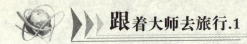

古人民共和国大使馆的驻地。郭沫若同志从1963年10月直到1978年逝世，在这里度过了他一生中最后的十五年。

郭沫若居住的小庭院在故居大院的东北角，由南北两进院落组成。前院为一进四合院，正门为一座垂花门。郭老的居室就在正房的东耳房中，正房五间，东边两间为办公室，西边为客厅。西耳房为衣帽间。东西配房是其儿女的居室。这座四合院的后面是一排后罩房，西边是夫人于立群小儿子的居室，后面东北角是小女儿的居室，中间是郭老的书房。郭老在这里写了数以百万字的论文、专著及诗歌等篇章。

故居里保存着他遗留下来的大量的手稿、图书和文献资料。故居还陈列展出了《郭沫若同志生平事迹》，共分七个部分。故居里的有些遗物仍然按照他生前的陈设放在原处，以供人们瞻仰。

郭沫若同志是我国卓越的无产阶级文化战士。他在历史学、考古学、古文字学、文学艺术等许多方面都给我们留下了宝贵的财富。

1982年11月16日在郭沫若诞辰九十周年时，经国务院批准，郭沫若故居被列为全国重点文物保护单位，邓颖超为故居题写了匾额。郭沫若故居是人们怀念瞻仰学习这位文化名人的好场所。

海柏胡同16号与朱彝尊故居

朱彝尊（1629-1709），号竹垞，秀水（今浙江嘉兴）人。少年时，无意功名，专力于经典古文辞。后客游南北，仍常载书随行。康熙十八年（1679年），举博学鸿词，授翰林院检讨。他是清代浙西词派的创始人，著有《曝书亭集》。

朱彝尊的《曝书亭集》中，有一首《自禁垣移居宣武门外》的诗写道："我携家具海波寺，九月未稿青藤苗。"说明朱彝尊在北京的寓所在海波寺街。后来他又移居宣武门外的槐市斜街。在《藤荫杂记》一书中曾有记载："朱竹垞于康熙己巳（1689年），自古藤书屋移寓槐市斜街。"槐市斜街有花市，朱彝尊曾有诗说："老去逢春心倍惜，为贪花市住斜街。"他的好友查他山有一首诗，诗名就叫饮朱竹垞槐树斜街新寓诗。

海波寺街后改名海柏胡同，朱彝尊的故居在海柏胡同16号，现在是居民院。院内原有两棵大青藤树，"青藤书屋"便得名于此。为了保存古迹，有关单位又在原地栽种了两棵青藤。

纪晓岚 "阅微草堂" 与晋阳饭庄

纪晓岚（1724–1805）清学者、文学家。直隶（今河北）献县人，乾隆进士，官至礼部尚书，协办大学士。谥文达。曾任四库全书馆总纂官，纂定四库全书总目提要。能诗及骈文。有纪文达公遗集，并撰有《阅微草堂笔记》等。

阅微草堂是纪晓岚的堂名。在虎坊桥东面路北。阅微草堂是三大间进深很大的前廊后厦的大北屋，前后共三进院，而东、西只有四间宽。阅微草堂就是第二进院子的正厅。纪晓岚一生，大部分时间就住在这里，院中旧时有纪文达公手植藤花、海棠。这所房子自乾隆、嘉庆年后，直到二十一世纪前期，虽然几易房主，但房子并未改建，仍是老样子，"阅微草堂" 那块匾也还挂着。

在上世纪初，这所房子为著名京戏科班 "富连成" 所使用，前后约三四十年之久。侯喜瑞、马连良、袁世海等著名京剧演员就是在 "阅微草堂" 旧址中培养出来的。此处现在已是著名的山西馆子 "晋阳饭庄" 了。欲寻 "阅微草堂"，可到虎坊桥东晋阳饭庄。

宣武门外下斜街与近代诗人龚自珍

龚自珍（1792–1841），号定庵，浙江仁和（今浙江杭州）人。三十八岁中进士，做过内阁中书、礼部主事等小京官。他在政治上遭到排挤，但在文学上却获得卓异成就，尤其是诗。有《龚自珍全集》。

龚自珍在北京的寓所是在今宣武门外下斜街，这从他的诗中可以查到。龚自珍曾有诗写道："子云识字似相如，记得前年隔巷在。"诗后作者自注："别吴子云太守式芬。"子云是汉代杨雄的字，这儿是代指吴式芬。吴式芬当过内阁学士，有资料曾记吴式芬住在北京南城。龚自珍既然与他 "隔巷住"，那龚自珍也曾在北京南城住过。龚自珍在他的另一首《己亥杂诗》说得比较明确。诗中写："难忘槐市街南宅，小疏群芳稿一车。"诗只提到的槐市街，据清人戴璐在《藤荫杂记》中说："考《六街花事》引：丰台卖花者于每月逢三，则槐市为今

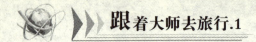

上下斜街无疑。"可见槐市街就是现在的下斜街。

　　龚自珍的寓所就在宣武门外下斜街。龚自珍还有诗记录了他在下斜街附近活动的行踪："叹空山徒倚倦游身，梦见城西阆苑春。"（《己亥杂诗》）诗后有注："忆宣武门内太平街之丁香花一首。"太平湖在北京宣武门内宗帽胡同西南，相距下斜街不远。

南菜园 "北京大观园"

　　北京大观园是为了拍摄《红楼梦》电视剧而建的仿中国古典园林而造成的永久性的大观园。大观园位于北京宣武区南菜园护城河畔，系清代皇家菜园旧址。占地面积5公顷、周长35里，建筑面积8000平方米。1984年动工，1990年按规划全部建成，共历时7年半。共有景点40余个。力求园林建筑、山形水系、植物造景、小品点缀、碣石题字、楹联匾额、室内装修、家具陈设、花鸟虫鱼等景物都忠于《红楼梦》原著的时代风貌。大观园栽植的树木和花卉等，也完全忠于原著。怡红园的门口，一边是海棠，一边是芭蕉，还有两棵古松；潇湘馆的院内，翠竹如林；秋爽斋的院里，梧桐婆娑；稻香村开辟菜园和稻田，再现《红楼梦》中 "一畦春韭熟，十里稻花香" 的田园风光。

　　大观园有曲径通幽、沁芳亭、怡红院、潇湘馆、秋爽斋、稻香村、滴翠亭、暖香坞、紫菱洲、芦雪亭、藕香榭、蘅芜院、顾名思义殿、大观楼、凹晶溪馆、凸碧山庄、栊荫堂等。其中曲径通幽处，是一座用著名的南北太湖石堆砌的假山叠嶂，这里怪石林立、如鬼似兽，若仙似云。山石之上，遍植攀缘植物，羊肠小径若隐若现，是大观园的 "主山正景"。

　　沁芳亭建于白石护栏环抱的一泓池水上，共3孔，桥上建有凉亭。形成桥伴水、水映亭，宛如琼阁意境，沁芳亭为情意缠绵的宝玉和黛玉常来幽会之处，亭柱上有对联 "绕堤柳借三篙翠，隔岸花分一脉香"。

　　潇湘馆建筑与别处不同，它不仅精巧纤细，雕满竹子花饰，而且在油漆彩绘方面采用冷色调的淡绿色 "斑竹座" 技法，与园中竹林保持景色一致，以烘托当年房主人林黛玉那 "孤高自许" 又多愁善感的性格。潇湘馆门前凤尾森森，龙吟细细；院内修舍数楹，回廊曲折，翠竹夹道，石子漫路，溪流淙淙，幽雅静谑。给人一种"宝鼎荣闲烟尚绿，幽窗棋罢指犹凉"的意境。后院临水处还建有三面以"美人靠"为栏、状似江南小船的水榭。

怡红院是怡红公子贾宝玉住所，它是大观园内最大的建筑群之一，三间垂花门楼，但见五间正座推出三间抱厦，东西各设配房三间，四周超手游廊环绕，又有斜廊直通山顶敞轩。这里的亭台楼阁均采用"金线苏线苏彩"的传统技法，贴金绘彩，熠熠生辉。整个院落格局对称，雕饰绘画绚丽多彩，呈现一派雍容华贵、富丽堂皇的气象。

秋爽斋是贾府三小姐探春住所，院内"晓翠堂"飞檐立柱，四面出廊，飞彩凝辉；青桐树干挺叶阔，青翠欲滴，充满"桐剪秋风"的情趣。稻香村，呈现一派田园阡陌风光，黄泥矮墙，青篱土井，草顶凉亭，别有一番田野情趣。此村为李纨、史湘云住所。八角亭为园内最高点，游人登之，全园景色尽收眼底。

曹雪芹纪念馆

曹雪芹（？-1763）清小说家。为满洲正白旗"包衣"人。自曾祖起，三代任江南织造，其祖曹寅尤为康熙帝所信用。雍正初年，其父免职，家业被抄，雪芹随家迁入北京。自此家道衰落，生活艰难。晚年居北京西郊，贫病而卒，年未及五十。经十年时间，从事《石头记》（即《红楼梦》）的创作，成为我国古典小说中伟大的现实主义作品。

1971年发现了北京西郊东正白旗39号院曹雪芹的故居。1971年4月正白旗39号舒成勋老人旧房上发现壁诗，经红学家考证，这里是曹雪芹故居，壁上并题有一副对联，传为曹雪芹的好友鄂比所作。对联是：

远富近贫，以礼相交天下少；
疏亲慢友，因财而散世间多。

樱桃沟里有一巨石，下有一间房大的洞，因相传辽时有仙人骑白鹿往来于此，故岩名"白鹿岩"，洞名"白鹿洞"。

白鹿岩上大下小，形如"元宝"，故又称"元宝石"。民间传说元宝石和

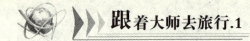

曹雪芹创作《红楼梦》也是有关系的。《红楼梦》第一回提到一僧一道席地坐在青埂峰下，见着这块鲜莹明洁的石头，且又缩成扇坠一般，甚属可爱。那僧托于掌上，笑道："形体倒也是个宝物，只是没有实在的好处。"据说曹雪芹居住卧佛寺附近时，经常来观赏元宝石。他借用元宝石的特征，加以自己丰富的想象，遂创作了"天下无能第一，古今不肖无双"的贾（假）宝玉。贾宝玉又名"神瑛侍者"，而大元宝石也可释为"神瑛"。"神"者，大也；"瑛"者，石也。

北京曹雪芹纪念馆1983年落成于北京西山黄叶村，1984年4月22日开馆，1996年又经修缮。在纪念馆门口新立一块宽4米，高2米的花岗岩巨石，上面题写着启功先生的"曹雪芹纪念馆"几个大字。

黄叶村占地18公顷，村内有菜园、药圃、瓜棚，还有石碾、石磨、辘轳、箭场、古墩、茶楼、酒肆。建有"古槐幽夏"、"古墩秋眺"、"河墙烟柳"、"古井微波"、"元宝遗板石"、"木石姻缘"、"广泉古井"、"一拳顽石"等景点。

园内有两排18间房舍，仿古建筑。前排展室陈列清代旗人生活环境以及曹雪芹在西山的生活创作环境的模型。有关曹雪芹身世的重大发现及有关文章和书稿。

后排6间展览曹雪芹生平家世、《红楼梦》影响两部分。展品有再现曹雪芹时代民风民俗的八仙桌、躺柜墩箱、青花瓷器以及《红楼梦》中提到的一些民俗器物。

纪念馆共5个展室和一个小碑林。第一室，居室。第二室，书房。第三室，是一组泥塑立体模型，表现了曹雪芹生活和创作的环境。第四室，展出曹雪芹一对书箱和与曹雪芹密切相关的11块题壁诗文墨迹。小碑林位于纪念馆西墙外。

李大钊烈士陵园

李大钊（1889-1927），在1927年4月壮烈牺牲后，其灵柩安放在宣武门外妙光阁寺里。1933年春，北平地下党组织和革命团体与李大钊夫人磋商，决定将李大钊烈士安葬于香山万安公墓。当时以"北平市各革命团体"的名义镌刻的碑额上刻着红五角星和黑色的镰刀斧头的李大钊烈士墓碑也与李大钊灵柩一起下葬。

1983年3月18日移葬李大钊烈士陵园，1983年10月29日，是李大钊同志诞辰

94周年纪念日，党和国家领导人及各界代表参加了陵园落成典礼。在香山东麓，南旱河西岸的万安公墓中，有一座青砖围砌的小园，青松翠竹，赤花金朵，庄重清雅，幽静肃穆，这就是李大钊烈士陵园，原来的墓地是在陵园西墙外，李大钊及其夫人赵纫兰女士并排埋在一起，在水泥墓室的北端竖起的石碑上，刻有刘半农先生题写的墓主姓名和生卒年月。当时刘半农还撰写了碑文，但考虑免遭到敌人破坏而未曾镌刻出来。

新建成的陵园占地两千多平方米。大门上端横嵌一块白色大理石，镌刻着"李大钊烈士陵园"七个金字。李大钊烈士及其夫人的灵柩葬于陵园的中央，墓前巍然矗立着一尊烈士的汉白玉全身雕像。他身着中式长衫，双臂背后，手握书卷，昂首雄视前方。墓后横卧一块长四米、高两米，巨型的青色花岗石纪念碑。石碑正面镜镌刻着邓小平的题词："共产主义运动的先驱、伟大的马克思主义者李大钊烈士永垂不朽。"石碑背面是以中共中央的名义撰写的碑文。

纪念碑的北边正房是一座大厅，辟为李大钊烈士革命事迹陈列室。室内展览的图片和实物，真实地反映了烈士光辉的战斗的一生。大厅两旁各竖四块汉白玉立屏，屏面是老一辈无产阶级革命家1983年为李大钊烈士的题词。

陈列室的正中，迎门有一块用玻璃罩覆盖的艾叶青石墓碑。此碑高183米，宽46米，厚16米。碑额是一颗凹刻的红五角星，五星中央是黑色的镰刀斧头。碑身正面刻有"中华革命领袖李大钊同志之墓"十三个红色楷书大字，背面刻有碑文。陈列室大厅的北边，还有一个连在一起的陈列室，室中央是"李大钊故居纪念馆"的模型，四壁是烈士生平图片。

陵园的西厢房为陈列室第二室，是一座可容一百多人的录像放映室，向参观者放映烈士生前和有关纪念活动的纪录片和录像片。

国学大师王国维墓及纪念碑

王国维（1877-1927），字静安，号观堂，浙江海宁盐官镇人。学者、文学研究家。早年研究哲学、文学，受到德国唯心主义哲学和资产阶级文学的影响。1903年起任苏州等地师范学堂教习。1904年写了《红楼梦评论》，用西欧叔本华等人的悲观厌世哲学来解释《红楼梦》。1905年出版了第一本论文集《静安文

15

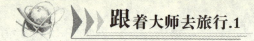

集》。1907年任学部图书局编辑，从事中国戏曲史和词曲的研究，著有《词录》《宋元戏曲考》《人间词话》等。1913年起从事中国史料、音韵学的考订及甲骨文的考释。1925年任清华研究院的教授。1927年6月2日怀着封建忠君思想与当时革命形势深刻矛盾的痛苦心情，在北京颐和园投水自尽，成为悲剧人物。

王国维去世时，根据他的遗愿埋葬在当时清华大学东二里西柳村的七间房，1960年1月，清华大学将其迁葬至西山福田公墓。1985年8月，中央教育部拨款三万元进行重修，白色大理石坟墓的北端立着一座白色墓碑，正面中央镌刻着"海宁王国维先生之墓"九个金色大字，左侧是两行小字："公历1985年孟秋之月"、"后学沙孟海敬题"。碑阴是1985年9月由王国维的学生戴家祥撰写的碑文，也是由当代著名书法家沙海孟书写。正文一千零九个金字，详细介绍了王国维的生平事迹及安葬、迁葬的经过，使人们对先生有个概括的了解。

在清华大学校园内，工字厅东南方土山下，两株巨大的古槐之间，矗立着一块高高的石碑。碑座为高11米的双叠串字形白石雕成，碑身为坚硬的青石，高23米、宽9米、厚3米；这座石碑青白双色，其寓意是墓主是一位清白的老实人。碑的正面向东，中央书写着"海宁王静安先生纪念碑"十个大字。王国维去世后，国学研究停办，研究院师生为纪念他而发起捐款，筹建墓碑。纪念碑碑式的设计者为我国著名建筑学家梁思成教授。纪念碑背面额篆"海宁王先生之碑铭"，为北京大学著名教授马衡所书，碑文为先生好友、清华国学院教授陈寅恪撰写。这篇碑文，由当时著名书法家林志钧用朱笔直书石上，由名噪京华的李桂藻镌刻。

梁启超墓园

梁启超（1873-1919），字卓如，号任公，别署饮冰室主人。中国近代维新派领导人之一、学者。

1873年2月23日生于广东新会县茶坑村一个"且耕且读"人家。1889年他16岁时成了举人。1890年，拜师康有为，走上维新的道路。1895年跟随老师赴北京参加会试，发动了"公车上书"。1896年在上海主编《时务报》，积极鼓吹和推进维新运动。1898年入京，参与百日维新，以六品衔办京师大学堂、译书局。戊戌政变后逃亡日本，坚持立宪保皇，受到民主革命派的批判。曾出任袁世凯政府的司法总长、段祺瑞政府的财政总长。"五四"时期，反对"打倒孔家店"的口号。曾倡导文体改良的"诗界革命"、"小说界革命"。晚年在清华学校讲学。

1928年，他重病缠身，仍全力写作《中国文化史》及编写《辛稼轩先生年谱》。9月，他因病住院，割去一肾。不等病愈便出院仍伏案疾书，终因病情恶化医治无效，于1929年1月19日逝世。他的著作编为《饮冰室合集》。

梁启超的墓在香山卧佛寺东边山坡上。占地三十余亩。墓园背倚西山，坐北朝南，北墙内正中砖砌平台上为梁启超及其夫人李惠他合葬墓。墓室选用土黄色花岗石雕筑而成，墓前竖立着"凸"字形墓碑，碑高28米，宽167米，厚70米，阳面镌刻"先考任公府君暨先妣李太夫人墓"，碑阴刻"中华民国二十年十月男梁思成、思永、思忠、思达、思礼，女思周、思顺、思庄、思懿、思守，媳林徽因、李福曼，孙女任孙敬立"。墓碑没有碑文，也没有任何表明墓主生平事迹的文字，原来这是梁启超生前的遗愿。

香山朱自清墓

朱自清（1898-1948）散文家、诗人。字佩弦，原籍浙江绍兴，1898年11月22日生于江苏东海县。文学研究会会员。学生时代即写新诗。1931年-1932年留学英国。回国后，先后在中学、清华大学、昆明西南联大等任教，并致力学术研究。1948年8月拒绝接受美国救济粮，因贫病在北平逝世。

毛泽东在《别了，司徒雷登》一文中曾写道："我们中国人民是有骨气的。许多曾经是自由主义者或民主个人主义者的人们，在美国帝国主义者及其走狗国民党反动派面前站起来了。闻一多拍案而起，横眉怒对国民党的手枪，宁可倒下去，不愿屈服。朱自清一身重病；宁可饿死，不领美国的救济粮。我们应当写闻一多颂，写朱自清颂，他们表现了我们民族的英雄气概。"

朱自清著有诗集《雪朝》（与人合作）、诗文集《踪迹》散文集《背影》《欧游杂记》《伦敦杂记，文艺论著《诗言志辨》《论雅俗共赏》等。1955年人民文学出版社出版了《朱自清诗文选集》。

1948年10月24日，朱自清先生的遗骨安葬在香山万山公墓。没有墓碑和五供，只有一方矩形的水泥墓盖凸现在地面，上面刻写着："民国前14年11月22日生

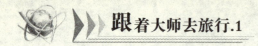

于东海，故国立清华大学教授朱自清先生之墓，民国37年8月12日卒于北平。"

未名湖畔斯诺墓与斯诺的《西行漫记》

斯诺（1905-1972年），美国著名作家和记者，中国人民真诚的朋友。1928年第一次来中国。1936年访问了陕北，次年写了《西行漫记》一书。此书宣传中国共产党领导下的中国革命斗争和工农红军的长征。新中国成立后，先后三次来我国访问，写了许多介绍我国社会主义革命和建设的报道，对增进中美两国人民之间的了解和友谊做出了贡献。著有《大河彼岸》《中国巨变》等书。

1972年2月15日在日内瓦逝世。按照他的遗嘱，将一部分骨灰于1973年10月19日安葬于北京大学校园内未名湖南岸，在松墙绿草中有一块汉白玉石碑，上镌"中国人民的美国朋友埃德加·斯诺之墓"。环境清幽，景色秀丽。

斯诺和北京，尤其是和海淀与燕园是非常密切的。他非常热爱它们。1928年他第一次来到北京。1933年他第二次来北京。1934年1月应燕京大学之聘，兼任该校新闻系讲师。他把家安置在海淀军机处8号，在如今的北大西南门一带。当时8号院坐西朝东，是一个黑色铁栅栏门。庭院宽阔敞亮，栽种着不少果树和几丛翠竹。斯诺和他夫人非常喜欢这个地方。

斯诺最后一次访问中国时，偕夫人洛伊斯同行。斯诺以向导的姿态，带领夫人在自己昵称为"可爱的小湖"——燕园未名湖畔树荫覆盖的曲径上漫步，在花神庙摄影留念，并在临湖轩小憩。他对燕园寄托着深沉的热爱。

玉皇顶与刘半农墓

刘半农的坟墓高踞于香山玉皇顶青翠的顶峰。香山玉皇顶以山腰有一座玉皇庙而得名。在玉皇顶南岗的花木坨，修建了刘半农墓。墓基是一个石砌方台，墓盖在方台之上；北端石砌基座上有一座方形大理石柱，南向立面镶嵌着刘先生的巨幅遗像。墓前原竖两块石碑，一块是周作人撰写的墓志，魏建功的书石，马衡篆盖；另一块由吴敬恒题碑，蔡元培撰写墓志，章太炎篆额，钱玄同书丹。可惜两块墓碑都已推倒砸碎，石块狼藉。

周作人所撰的墓志全文是："故国立北京大学刘君墓志君姓刘名复，号半农，江苏江阴县人，生于清光绪十七年卒辛卯四年二十日，以'中华民国'二十三年七月十四日卒于北京，年四十四，夫人朱惠，生子女三人：育厚、育伦、育教。君少时，曾奔走革命，己而卖文为活，民国六年被聘为国立北京大学预科教授。九年，教育部派赴欧洲留学，凡六年，十四年应巴黎大学考试，受法国国家文学博士学位。返北京大学任中国文学系教授，兼研究国学导师。二十年为文学院研究教授兼研究院文史主任。二十三年六月至绥远调查方音，染回归热，返北平随卒。二十四年五月葬于北平西郊香山玉皇顶。君状貌英特，头大，眼有芒角，生机勃勃，至中年不少衰，性果毅，耐劳苦，专治语音学，多所发明。又爱好文学、美术，以余力照相，写字，作诗文，皆精妙。与人交游，和易可爱，善诙谐，老友或与戏谑以为笑。及今思之，如君之人已不可再得。呜呼！古人伤逝之意，其在兹乎。将葬，夫人命友人绍兴周作人撰墓志，如皋魏建功书石，鄞县马衡篆盖，做人，建功，衡，于谊不能辞，故谨志而书之。北京文楷斋刘明堂刻石。"

刘半农先生在文学革命、新文学创作、语言乐律研究等方面，做了大量的开创性的工作，取得了突出成就，使他成为新文化运动的健将、著名的诗人、民间文学家、语言语音学家。先生逝世后，鲁迅先生写了《忆刘半农君》一文，充分肯定了刘半农在五四时期的战斗业绩，对他后来的复古和倒退给予了批评。

香山万花山南麓王莹的墓

王莹（1915-1974）安徽芜湖人，20世纪三四十年代，她是一位优秀的演员。她曾去南洋各地演出，后来到美留学、演戏，为中美友好做出了贡献，1955年回到北京，进行文学创作，1974年3月3日因受"四人帮"的残酷迫害而含冤逝世，她的作品有自传体长篇小说《宝姑》和长篇小说《两种美国人》等。王莹不仅是优秀的表演艺术家，也是一位才华横溢的女作家。

王莹和丈夫谢和庚在香山正黄旗15号院度过余生。谢和庚曾记得王莹对他说过："梅兰芳先生的一生，就是追求真、善、美的一生，他是我们学习的师表。"于是他决定将爱妻葬在梅兰芳大师身边。在香山北侧的万花山南麓，距著

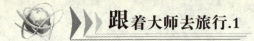

名的京剧表演艺术家梅兰芳墓不远,谢和庚手捧骨灰盒,在长满野菊花的一块山腰平地上,挥泪挖了一个小墓坑,将王莹骨灰盒埋葬了,又用鹅卵石堆砌起来。然后怀着至亲至爱向爱妻哀悼:"你安息吧!"

1982年,在许多朋友的敦促下,谢和庚为王莹刻了一方汉白玉墓碑,墓碑没有立在万花山,而是放在他自己的卧室兼书房里,以便朝夕相伴。碑文是1963年香山小学的同学献给王莹的一首诗《摘枝野山桃花给王莹》:

> 严冬刚刚过去,
> 鸟雀在树上欢唱,
> 走近狼见沟的小径,
> 就想着我们的阿姨王莹,
> 摘枝野山桃花送给她呀,
> 向她先报香山的早春,
> 她总是那样亲切喜欢我们呵,
> 我们也有一颗爱她的赤心。

石楼镇二站村唐诗人贾岛墓

贾岛(779-843),唐代著名诗人。字阆仙,范阳(今北京房山)人。曾做过和尚,后以诗投韩愈,和孟郊、张籍、姚合往还酬唱,诗名大著,因还俗应进士考。五十九岁时坐罪贬长江(今四川省蓬溪)主簿。后迁普州(今四川省安岳县)司仓参军,死时六十五岁。有《长江集》。

世称贾岛墓三处:一在安徽当涂;一在四川安岳;一在河北涿州。所谓河北涿州贾岛墓即在京郊石楼镇二站村。因古时涿州称范阳郡,石楼镇二站村均归范阳管辖。据唐人苏降唐故司仓参军贾公墓铭记载,贾岛生前任普州司仓参军,会昌二年(843年)卒于任所。次年,夫人刘氏承其遗志,择安岳县扶风乡南岗葬之。那么四川安岳贾岛墓为贾岛葬所,北京石楼镇二站村贾岛墓与安徽当涂贾岛墓当为衣冠冢。

石楼镇二站村贾岛墓年代失考，岁久荒设。明正德十一年（1516年）监察御史卢其按行至房山，访得贾岛墓，读仆断碑有据，乃崇莹植碑。大学士李东阳别书一碑立于墓址。入清，墓地被旗人圈占，贾岛墓再度荒没。康熙三十五年（1696年），房山知县罗在公重修贾岛墓，并于墓址南侧创建贾公祠。嘉庆二十六年（1816年）秋，贾公祠又经重修。到21世纪五十年代，贾公祠尚保存完好。贾公祠坐北朝南，轩昂的殿宇被四周高大的院墙包容着，祠门嵌有大理石横额，题曰："贾公祠。"进门是一间大小的韦驮殿，内祀韦驮木象。一进为三教殿户，三间规制，内祀释迦牟尼、老子、孔子三人泥塑坐像。神龛上悬木匾，曰："殊途同归。"再进为贾岛祭堂所在，院落较宽敞，东西禅房各三间。正殿三间，内祀贾岛。殿门悬木匾，曰："推敲佳话。"楹联："万古文章配东野，一生知己属昌黎。"精妙地概括了贾岛一生的经历与成就。殿内，贾岛泥塑遗像正襟危坐，须鬓甚伟。殿壁墨迹连绵，题咏无计。贾公祠自清康熙年间创建，一些社会名流，文人墨客，来谒者络绎不绝，一时称京畿名胜。

贾公祠后是墓冢和碑亭。

昌平中国名著博览城

昌平中国名著博览城位于北京昌平镇环岛西北3000米处。与去明十三陵和八达岭长城公路相邻。这是一座荟萃《红楼梦》等五部古典名著的主要人物造像和场景来体现故事情节的游乐城。1991年开工建筑，同年12月竣工。此博览城共有5宫40景：

一、《红楼梦》宫，经过黛玉进贾府、宝玉出走等场景和荣宁二府的兴衰与宝黛二人的爱情的波折，形象地表现了中国封建社会末期的社会历史悲剧。

二、《西游记》宫，通过猴王称圣、蟠桃园、白骨洞、天竺国等神奇、惊险的场面与情节，艺术地再现了孙悟空这个富有鲜明反抗性格的神话英雄。

三、《三国演义》宫，采取了浓墨重彩的艺术手法，塑造了众多的人物形象，堪称为一部微缩的魏、蜀、吴三国的兴衰史。

四、《水浒传》宫，场面宏大，艺术手法精细，鲁智深、林冲、杨志、晁盖以及阮氏兄弟，形象丰满，性格突出，观之令人叫绝。

跟着大师去旅行·1

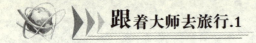

五、《西洋演义》宫，场面单一，但高大博深，风格独特，具有一派令人神往的异域风情。

中华文化名人雕塑纪念园

中华文化名人雕塑纪念园于2002年10月21日落成。中华文化名人雕塑纪念园坐落于居庸关北层峦叠嶂、山水相济的八达岭水关长城西南侧的北京长城华人怀思堂内，园址所在地宛若安然静卧的吉驼，北倚长城，头东尾西。纪念园内安放着我国现代著名的文化名人茅盾、叶圣陶、夏衍、田汉、徐悲鸿、曹禺、冰心和吴文藻夫妇的巨型雕塑。这些文化名人都曾与国家民族同命运，与人民大众共呼吸，成就卓著，万民景仰，其德其行，乃国人风范。他们为中华民族留下了不朽的文化长城。

兴建中华文化名人雕塑纪念园旨在弘扬中华文化，为全社会和子孙后代留下一份宝贵的文化遗产和凭吊缅怀文化名人的圣地。这项文化工程由中国作家协会中华文学基金会倡议、策划，得到了延庆县人民政府、北京长城华人怀思堂和中央美术学院的鼎力支持。

中华文化名人雕塑纪念园还配有展厅，通过文字、图片和实物来展示各位文化名人的人生历程、精神世界和主要成就。

茅盾、叶圣陶、夏衍、田汉、徐悲鸿、曹禺、冰心和吴文藻夫妇，均是我国五四新文化运动以来，在他们所从事的事业上做出突出贡献的先行者、开拓者。

通过瞻仰这一座座在苍松翠柏鲜花丛中栩栩如生的名人雕塑，通过浏览展馆里陈列的各位文化名人的图片、实物和著作，我们可以从他们的人生历程和艺术成就中，领悟他们的精神世界，感受他们的精神气质，从而获得为建设中华文明、推进人类文明而献身的人生启迪。中华文化名人雕塑纪念园将真正成为首都北京一个继承中华文化传统、弘扬中华民族精神的教育基地，一个融自然景观和文化景观为一体的参观中心。

文化名人雕塑分别用汉白玉、青铜、花岗岩等材质塑造。茅盾夫妇、冰心夫妇、田汉夫妇的骨灰或遗物和曹禺的部分骨灰，夏衍、叶圣陶和徐悲鸿的遗物将永久安放在纪念园内。

冰心夫妇的长眠之地在一座与长城相邻的小山顶，占地约50平方米，没有墓地和墓碑，只有一座汉白玉雕塑，上面是两位老人的浮雕头像，是根据家属提供的多张照片而成，考虑到年轻人的熟悉程度，选用了二人老年的形象，头像下是刻金的名字和生卒日期。雕塑的右下方是一位正在读书的女童浮雕，取自冰心非常著名的寄小读者。雕塑的背面预留了一个长方形槽，二老的骨灰就将安放于此，与长城相向。因为山上无法使用任何起重设备，将8吨重的汉白玉搬到山顶全部靠人工。

园内有巨形石碑，镌刻中华文化名人雕塑纪念园铭文，是由中国文学艺术界联合会副主席，中国作家协会副主席，中华文学基金会常务副会长张锲撰文。铭文如下：

泱泱中华，素称文化之邦；神州大地，遍是才俊之士。自古迄今，哲人辈出。宛如星月在天，光芒熠熠，昭耀于茫茫寰宇之间。京郊延庆县内，有热土一方。位于长城之侧，南拥居庸要塞，北依八达雄关。呈虎踞龙盘之势，有凤翥龙翔之姿，乃我中华始祖炎黄二帝盘桓征战之圣地。是处重峦叠嶂，山水相济，草木葱茏，蔚然生秀。由中国作家协会中华文学基金会倡议筹划，得北京长城华人怀思堂和延庆县人民政府、八达岭镇人民政府鼎力支持，兴建中华文化名人雕塑纪念园于其间之吉驼峰上。此诚当今之盛世胜举，亦将为永世相传之佳话。

多难兴邦，时危节现。反顾二十世纪，外侮内患，交相煎迫，中华民族几经生死存亡，赖我亿万民众，团结抗争，扶大厦之将倾，挽狂澜于既倒，始得昂然挺立于地球东方。其间谱写出多少可歌可泣之史诗，涌现出多少可颂可书之英杰。安息于纪念园内之茅盾、叶圣陶、夏衍、田汉、曹禺、徐悲鸿诸公和冰心、吴文藻夫妇等，或为文坛世擘，或为艺苑宗师，与国家民族同命运，与人民大众共呼吸，品洁艺馨，万民景仰，其德其行，足为国人风范。为此，纪念园主其事者，特延请海内名家，为其敬立塑像，并将其骨灰或遗物葬于园内，以供当世及后世子孙缅怀凭吊。树中华正气，立时代楷模。不亦壮哉！历史长河，汹涌激荡。人生苦短，岁月无多。以有限之生命，创无限之伟业，扬不朽之声名，则虽死犹生。兹当世纪更替，欣逢民族复兴。伫看九州之内，生机勃勃，气象日新。纪念园内诸大师，生前均相知相敬，身后又复结伴为邻。自今而后，枕青山而襟白云，浴星光而戏泉水，或登高望远，或策杖偕行，或泼墨挥毫，或低吟浅唱。于饱经沧桑巨变、人生忧患之余，得以尽享太平。是

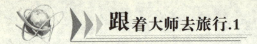

亦天上人间之幸事乐事也！

是为之铭。

中华文学基金会

延庆县人民政府

北京长城华人怀思堂

公元二零零二年十月二十一日敬立

张锲撰文

天津文化名胜

凤凰楼与邵康节故居

邵雍，北宋哲学家、文学家。字尧夫，谥康节。其先代是范阳人，自幼随父迁居共城（今河南辉县），隐居在苏门山。邵康节故居的故址在天津市。

凤凰楼，是邵康节故居楼名。其楼有名联：

> 凤凰楼上遥逍客；
> 郏鄏城中自在人。

郏鄏，古地名。即周代王城所在。在今河南洛阳市西。《左传·宣公三年》："王孙满曰：成王定鼎于郏鄏"即此。

天津孙犁塑像

孙犁（1913年—2002年7月11日）原名孙树勋，河北安平人。曾先后任教于冀中抗战学院和华北联大，在晋察冀通讯社《晋察冀日报》当编辑。1944年赴延安，在鲁迅艺术文学院学习和工作，发表《荷花淀》《芦花荡》等著名短篇小说。1949年起主编《天津日报》的《文艺周刊》。曾任中国作家协会理事、作协天津分会副主席等职。

孙犁是我国当代文学家。他著有数百万字的文学作品。从《荷花淀》到《曲终集》，散发着荷花香气的小说和内涵深刻的散文奠定了他在文学上的地位，因而被称为创立了"荷花淀派"的文学流派。

孙犁的塑像坐落于天津日报大厦前广场，像高共三米，上部为荷花拥簇着的孙犁汉白玉胸像，下部为黑色大理石基座。孙犁一如往常，深邃的目光凝视着远方，荷花与人物头像合成一体的形式可以充分地表现大师的风格。

孙犁塑像是在2003年1月28日落成的。

杨柳青与揭傒斯、吴承恩

隋炀帝开凿大运河，给天津柳口（今杨柳青）带来繁荣。605年运河开凿到柳口时，隋炀帝看到柳口一带的土质和堤坝结构后，下令栽种杨柳树数十株。数年后，柳口镇到处柳树成荫，风景如画。

杨柳青位于天津城西，从明末开始盛产民间年画。元代诗人揭傒斯（1274–1344）在《杨柳青谣》诗中，曾写过风物美丽的杨柳青，百姓虽日夜奔波劳碌，然而仍是一片民不聊生的凄惨的景象：

> 杨柳青青河水黄，河流两岸苇篱长。
> 河东女嫁河西郎，河西烧烛河东光。
> 日日相迎苇檐下，朝朝相送苇篱旁。
> 河边病叟长回首，送儿北去还南走。
> 昨日临清卖苇回，今日贩鱼桃花口。
> 连年水旱更无蚕，丁力夫徭百不堪。
> 唯有河边守坟墓，数株高树晓相参。

吴承恩（1500-1582），为到北京谋职，50岁时，在嘉庆二十九年（1550年）2月，从江苏淮安乘船北上。3月底，船停杨柳青码头。他这里抒写了咏杨柳青的诗句，收入射阳先生存稿里：

村旗夸酒莲花白，津沽开帆杨柳青。

壮岁惊心频客路，故乡回首几长亭。

春深水涨嘉鱼昧，海近风多健鹤翎。

谁向高楼横玉笛，落海愁绝醉中听。

吴承恩曾在天津搜集了一些素材，写进《西游记》中。可以看出他在书中的异乡情调的取材，是受天津风物影响的。吴承恩游历过蓟县盘山，《西游记》中的一些景物描写，就可能受盘山㟙峣峰景物的影响。

㟙峣峰在挂月峰之东峭壁如削，为盘山之奇绝处。峰巅一石突出，方广数丈，四无依傍，如悬空中，名悬空石。石下两壁峭险异常，上刻"天门开"三个大字。下有白猿洞名胜。悬空石以上，有悬石亭。

天津与明代诗人李东阳《直沽八景》诗

天津的古名为直沽。李东阳（1447-1516）是明代"茶陵诗派"的领袖。他描写的明代"天津八景"，是以拱北、镇东、安西、定南、以天津旧城四方城门来概括天津的风景风物。据史载，明永乐二年（1404年）筑城。城为长方形，1901年，城被拆掉。

明正德间大诗人李东阳曾写有《直沽八景》七律诗八首。

拱北遥岑：站在北门城楼，遥望北界，一见"太行西带烟碧，碣石东连海树青"的情景。顿觉豁然开朗，心旷神怡。

镇东晴旭：伫立东城头，放眼望去，东门外"海东红日上云梯"，旭日在黎明时冉冉升起，壮观极了。李东阳诗曰：

五夜城头听早鸡，海东红日上云梯。

飞鸟晓飓珠帘影，舞燕晴翻画栋泥。

千里帆樯天远近，万家村市屋高低。

客来不用愁风雨，无限风光入品题。

安西烟树：天津城西门外，昔日绿柳成行，烟色氤氲，冷眼望去，"霏微疑是雨来时"，其情意缠绵，令人诗思萌动。李东阳诗曰：

安西门外碧参差，绿树层烟晓更宜。

缥缈不知天尽处，霏微疑是雨来时。

林间暝色闻香杳，野外寒光见日迟。

睡起钩帘看午霁，一川花鸟正离离。

定南禾风：南门外是天津卫军士屯田之地，风吹禾苗，风走禾动，催人抒怀。李东阳曾以"一天翠浪还空"做了形象描绘。李东阳诗曰：

层轩南向坐熏风，极目平畴远近同。

万里黄云吹不断，一天翠浪卷还空。

阜财正借驱烦力，饱士新成偃武功。

殿阁微凉天上句，拟将余兴续坡翁。

吴粳万艘：当年运河帆樯林立，舳舻相继，漕运南粮日夜奔忙，乱人眼目。

天骥连营：明代时天津卫军士曾饲养过军马。极目远眺，天际与马场相接，蓝天下马群熙攘，马蹄声脆，马嘶远近，恍如置身于草原牧场。

百沽潮平：天津水乡多称为"沽"。"沽"实为河边的村落。小桥、绿水、人家，当年沽上风光，似可与扬州媲美。

海门夜月：海门就是三汊河口。那里夜景，可真销魂。

佟家楼与佟铖针、孔尚任

天津历史上存有两个佟家楼，其中的一个就在今红桥区芥园河对面的邵公庄附近，亦名"艳雪楼"。据记载，"清初诗人佟铖，字庶村，姜赵氏艳雪，工诗，楼因以名。时下遗迹荡然无存，人犹呼为佟家楼云。佟家楼也称艳雪楼。

当时文人常聚会于此。如孔尚任（1648-1718）、查莲坡等常来此作客。佟铖出资印刷《桃花扇》，得使这部戏剧名作传世。佟铖与诗人屈大均过从甚密，他收养了屈大均的遗孤。

查莲坡的妻子逝去时，佟妾赵艳雪曾作诗追悼，其中有"自古美人如名将，不许人间见白头"的佳句，是当时震动津门之作。赵艳雪故去，佟铖十分悲痛，为寄哀思，重复写了几十遍赵艳雪生前的绝笔："美人自古如名将，不许人间见白头"。

后人曾写诗《过佟蔗村艳雪楼故居》，表示对艳雪楼的追慕：

> 共沿流水到篱根，燕雀喧喧最小村。
> 几点红芳遮破屋，满庭青草闭闲门。
> 缥缃散尽残书帙，樵牧唯余旧子孙。
> 艳雪犹名楼已废，海棠一树最销魂。

天津与纪晓岚

纪晓岚（1724-1805）在天津住过。他在1805年曾给清代乾隆时人蒋诗（字秋吟）所著的《沽河杂咏》写过一篇序。《沽河杂咏》是专写天津风土人情的一部竹枝词集，共百首。每首诗下，都附有小结，对天津地方史有简明的考证。纪晓岚无限感慨地在这部诗集的卷首写道："余不至斯土五十余年矣！读之宛如坐渔庄蟹舍之间，与白头故老指点而话旧也。"这足以反映出他对天津的眷恋之情。纪氏当时已71岁，他所说的五十年前，正是清代乾隆十年。当时，天津给纪氏的印象仍是"河海襟带，汉港交通"，一片水乡景色。纪晓岚在《阅微草堂笔记》里，曾多次提到天津。其中叙述了天津某孝廉戏妇自侮的故事，孟文熺题诗奇遇的故事，王庆挖曹氏厅堂木柱生牡丹的故事。

三汊河口与清代诗人梅成栋

梅成栋生于清乾隆三十一年（1776年），嘉庆五年（1800年）即得举人。后屡试不第，便以讲学授徒为生。他编选了一部《津门诗抄》，汇集嘉庆以前出生于天津、天津府各县以及在天津住过的男女诗人426人的诗作，共四十卷，为保存天津文学史料做出了贡献。他在水西庄旧址，曾设立"梅花诗社"。1832年，梅成栋刊行了自己的诗集《欲起竹间楼存稿》。梅成栋于69岁时去世。

他的《登河楼》一诗写道：

远水兼天下，西风满画楼；
桃花如一梦，红叶叉三秋。
广宅多生草，高原尚泊舟；
凭楼起长叹，谁有救时谋？

河楼就是天津三岔河口的望海楼。这首诗是梅成栋在第一次鸦片战争发生的前几年，在望海楼上眺望三岔河口时写的一首五律，表露出深沉的忧国忧民之情。

梅成栋的故居，就在梅家胡同。这是一条古老的胡同，坐落在西北城角针市街的民族文化宫附近。

芥园与清诗人崔旭、朱岷

崔旭，河北庆云县人，与诗人梅成栋同出于大诗人张船山门下。崔旭以《津门百咏》而著名。芥园又名水西庄，在今天津小西关大街，南运河旁，康熙年间查莲坡之别墅。查氏以盐商致富，买下了这块地，专门用来作为其子弟们读书和憩游之所，并开辟园林、亭圃、花木竹石，一时文人墨客多于此。如前辈人朱彝尊、朱导江、张船山等人，都曾在这里吟咏过诗词。后来，清乾隆南

跟着大师去旅行·1

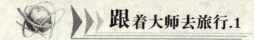

下过津，也曾住在这里。当时，正在紫荆盛开，故题名"芥园"。后来渐渐荒废下来，至今，水西庄痕迹全无。但以芥园为名的地名仍然很多，如今黄河道西头冶金机电学校宿舍区就叫芥园西里。清道光时崔旭曾写有一诗，从诗中可以约略看到当年芥园的盛况：芥园高傍卫河旁，楼阁参差映绿杨。曾是当年诗酒地，行人犹说水西庄。常州诗画家朱岷应水西庄主人查为仁的邀请，举家北上，移居津门。朱岷为水西庄画一幅《秋庄夜雨读书图》，以写实的手法，描绘出当年水西庄的亭台楼榭，在迷蒙的秋雨中，绘出了夜色里园林中主人朗朗的读书声。

天津曹禺故居

曹禺（1910–1996）祖籍湖北潜江，生于天津。原名万家宝，1910年9月24日生于天津。自幼爱好文学，1924年在天津南开学校读书时，他积极参加南开新剧团的演出活动，经常演出一些外国名剧，并且担任了《南开双周》的戏剧编辑。1926年，万家宝和几个同学办起了一个文学副刊《玄背》，并在该刊发表的《今宵酒醒何处》一文中首次使用"曹禺"这个笔名。因为他姓"万"，"万"的繁体是"萬"，拆开便是"艹"（cǎo谐音"曹"）和"禺"，即为"曹禺"笔名的由来。

1928年考入南开大学，1929年又转入清华大学外国文学系读书。1933年在大学即将毕业时，他完成了酝酿于中学时期，历经数载方始杀青的处女作多幕剧《雷雨》。此作品在《文学季刊》上发表后，震惊剧坛，被誉为我国话剧史上的一朵奇葩。

巴金看到曹禺的《雷雨》原稿时，"被深深震动了"、"为它落了泪"！巴金在1998年发表的最后一篇抒情散文《怀念曹禺》中是这样描述的：

"躺在病床上，我经常想起家宝。六十几年的往事历历在目。

北平三座门大街十四号南屋，故事是从这里开始的。靳以把家宝的一部稿子交给我看，那时家宝还是清华大学的一个学生。在南屋客厅旁那间用蓝纸糊壁的阴暗小屋里，我一口气读完了数百页的原稿。一幕人生的大悲剧在我面前展开，我被深深地震动了！就像从前看托尔斯泰的小说《复活》一样，剧本抓住了我的灵魂，我为它落了泪。我曾这样描述过我当时的心情：不错，我流过泪，但是落泪之后我感到一阵舒畅，而且我还感到一种渴望，一种力量在身内产生了，我想做一件事情，一件帮助人的事情，我想找个机会不自私地献出我的精力。《雷雨》是这样地感动过我。然而，这却是我从靳以手里接过《雷雨》手稿时所未曾料到的。我由衷佩服家宝，他有大的才华，我马上把我的看法告诉靳以，让他分享我的喜悦。《文学季刊》破例一期全文刊载了《雷雨》，引起广大读者的注意。第二年，我旅居日本，在东京看了由中国留学生演出的《雷雨》，那时候，《雷雨》已经轰动，国内也有剧团把它搬上舞台。我连着看了三天戏，我为家宝高兴。"

1935年曹禺创作出话剧《日出》。1940年发表剧作《北京人》。1942年把巴金的小说《家》改编为话剧，翻译了莎士比亚的《罗密欧与朱丽叶》。1946年创作《桥》。1948年出版了电影剧本《艳阳天》。建国后任北京人民艺术剧院院长、中国戏剧家协会主席等职。

1996年12月13日凌晨，创作了《雷雨》《日出》《原野》《北京人》和《家》等名剧的杰出艺术家，"开创中国话剧一代风气"的剧作家曹禺先生与世长辞。

曹禺故居坐落在天津市河北区民主道23号、25号，该楼始建于民国初年，其整体面积为912平方米。前后两楼均为砖木结构，上下两层带阳台，这里是曹禺童年时居住的地方，也是他艺术生涯的起点，20世纪30年代轰动文坛的《雷雨》《日出》等话剧名作就是在这里酝酿出来的。随着岁月的剥蚀，小楼已显得苍老了。目前正积极进行修复，并建立纪念馆。

边看戏边参观"曹禺故居"。这个曹禺故居在首都剧场一层大厅一侧一个不大的展室中，所有器物都是从曹禺先生北京故居的书房取来，一切都按照那里的布置还原。每周二到周日晚，凡是首都剧场有演出的时候，在开演之前，观众都可以凭票到这里参观。

由于与演出相结合，又不另付费，所以前去观看演出的观众一般都会到这个不大的展室进行参观。

天津与弘一法师李叔同

弘一法师李叔同于1880年出生在天津河东粮店后街地藏庵李氏私宅。其父

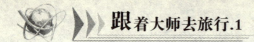

李小楼在清光绪五年（1879年）于自己的宅门旁创立"备济社"，赈济贫民，施种牛痘，故有"李善人"之称。李叔同是李小楼与其妾王氏所生。李叔同少年聪明，十五岁时即得句："人生忧似西山日，富贵终如草上霜"，表现了难得的才气。十八岁与俞氏结婚。生有二子。1898年戊戌变法失败，目睹国是日非，又见生母因出身寒微而受歧视，如此社会，如此家庭，使他怀有一种愤恨之情。因他曾制一印，曰：南海康翁（康有为）是吾师。涉有"新党"之嫌，故而离家出走。他先到上海，不久到日本留学，学习美术。并与欧阳予倩等人组织剧社，倡导新剧运动。1910年学毕归国，被聘任为天津工业专门学校的美术教员。第二年，又转到直隶模范工业学堂就职。他在天津只待了不到两年又南下了，从此再也没有返回天津。从前，在天津李叔同老家，还藏有一架风琴和一幅裸体模特儿背影的油画，是李叔同的遗物。

周恩来同志纪念馆

位于南开区四马路，原南开学校东楼。1978年3月5日辟为"周恩来同志青年时代在津革命活动纪念馆"。教学楼二层第四讲室是周恩来同志读四年级时所用的课堂。35号、32号、19号间是周恩来同志在学校时住过的宿舍。该馆已复原和再现了当年周恩来同志上课的教室和开展社团活动的场所。楼上为专题陈列，展出了大量的珍贵文物、文献资料和历史照片，反映周恩来同志青年时代在天津上学、参加五四运动、东渡日本、远赴西欧进行革命活动的情况；以及他由一个民主主义的爱国青年成长为马克思主义者的历程。

蓟县盘山与田畴、曹操

盘山，是我国十五大名山之一，被誉为京东第一山。蓟县春秋时属无终国，所以盘山原叫无终山。207年夏天，曹操率大军讨伐乌桓，进驻蓟县，在无终山脚下迷了路。这时曹操听说前些年，江南富豪大户田畴不满东汉董卓独揽大权，于是田畴进入无终山，建立小小的、特殊的、理想的"社会"。曹操就去拜访田畴，并求谋打败乌桓的办法。当时值雨季，一条河把曹操和乌桓的兵马阻滞在河的两岸。在田畴的谋划下，曹操派人在河边立了许多木牌，上面的大字写着：方今夏暑，道路不通，且候秋冬，乃复进军。乌桓兵马的探子回报首领。乌桓信以为真，放松了防备。而曹操在田畴引导下，连夜直奔乌桓的老巢，杀败敌人，取得胜利。曹操封田畴为亭侯，仍居无终山。后来曹操统一了天下，就派人请田畴出山做官。可是去的人，在无终山的盘山路走了好几天也没找到。曹操惋惜地说："田盘山啊！田盘山，盘山三天不见田，好一个田盘山。"从此人们把田盘山的田字省去了，把无终山改称盘山了。

蓟县与明清诗人

蓟县城已有几千年的历史了。古蓟州城最大规模的修建正是在清朝初年。蓟城，在明清时期盛极一时，是附近地区的政治中心，军事上是边防重镇，文化也繁荣昌盛。蓟城旧日风貌，是雄伟而壮观的。蓟县，即是古无终、渔阳、蓟州。一些明清诗人留下了大量咏蓟县的诗歌。明初才子杨士奇的《旱入蓟州》写道：

极目平天际，青白画不如。
彩云迎霁旭，翠柳带澄渠。
地重城逾壮，年丰廪有余。
末应两歧咏，独系汉人书。

明末清初诗人梁清标，曾以《蓟门首中》为题，抒发反清复明思想，其诗写道：

晨驱清客思，春墅峭寒村。
雨气涵危岭，花哨媚短篇。
绕田村水活，隔岸柳荫移。
不断山云出，徘徊马去远。

浙江山阴才子黄辕在他的《登渔阳城》中，用自然景观抒发了对清王朝的

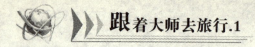

不满，他说：

> 渔阳形胜壮边城，雉堞巍峨拱帝京。
> 日落沽流寒海色，风生盘谷乱涛声。
> 千秋笳鼓三军暇，百里金汤四塞清。
> 凭眺酣歌兴不浅，好磨碑碣记升平。

梅成栋的诗也是如此，他在《蓟州道上》写道：

> 黄叶萧疏数点村，村村残照晚烟痕。
> 一溪寒水遁辽海，千里秋山抱蓟门。
> 燕赵英雄荒草没，金元宫殿古碑存。
> 版图今到龙沙外，却笑秦皇起寒垣。

蓟县独乐寺与李白

天津蓟县独乐寺的观音阁上，有李白所书"观音之阁"四字匾额尚在。这四个字洒脱雄健，仙风劲骨。据说李白来盘山，是为了追寻陶渊明到过盘山的足。

陶渊明从古籍记载中，发现了隐公田畴其人及其所建立的世外桃源，便来到盘山考察后，写了一诗《拟古诗》，诗中写到：

> 辞家凤严驾，当往无终游。
> 闻有天子秦，节义为士雄。
> 其人久已死，乡间留其风。

陶渊明思慕田畴的为人，便仿史书记载田畴的那种"平敞地而居，躬耕养父母，百姓归之，至五百余家"的写法，在《桃花源记》记载了这一事实，其中写道："率妻子……土地平旷……鸡犬相闻……"

李白从陶渊明《拟古诗》中发现了陶渊明来到盘山后，才写了《桃花源记》，于是寻迹来到盘山。在游过盘山后，雅兴大发，挥笔写下了独乐寺的"观音之阁"的匾额。

蓟县与施耐庵的《水浒》

你若细读《水浒》，就可发现天津蓟县是《水浒》人物的主要活动地区之一。书中有几十处提到蓟县（时称蓟州），并有"病关索长街石秀"、"病关索大闹翠屏山"、"入云龙斗法破高廉"、"宋公明兵打蓟州城"等专章描述。《水浒》中的人物大约有十四人是天津和河北人。如公孙胜就是蓟州人。石秀、杨雄、时迁都曾在这儿供职或居住过。著名"三打祝家庄"的故事，就是石秀等三人从蓟县去梁山的天津路上发生的。而另一著名故事智取生辰纲，则是天津的公孙胜，事先掌握押运线索之后，南下山东干的。

施耐庵确曾游历过蓟州，那是在元朝泰定年间，他在大都北京科考不第，利用等待找职业的空闲，他来到蓟州。在此地他了解不少传说，在后来创作时，写进了《水浒》。施耐庵在蓟县的活动，明洪武年间周文辰的著作《私人纪事》中有详细的记载。

在天津蓟县，至今流传着不少关于《水浒》人物的传说，保留着一些附会的遗址、遗迹。在翠屏山周围的村庄里，几百年来，一直流传着"石秀杀猪"、"杨雄杀妻"、"时迁投衙"等故事。

在杨津庄的小漫河，过去以祝姓为多，也称祝家庄。几百年来一直流传着《三打祝家庄》的故事。小漫河就是祝家庄的原型。直到"文革"前，这里仍保留着迷阵式的八角街、护城河和宋代留下的贞武阁。小漫河附近还有扈家庄、李家庄，和《水浒》上写的一模一样。

盘山与戚继光《登盘山绝顶》

戚继光领兵驻扎在蓟县。一个冬日的黄昏，戚继光登上了盘山顶峰，触景生情，抒发怀抱，写下了这首《登盘山绝顶》诗。盘龙山，又名盘山，在蓟县城

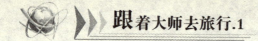

西北十二公里，为燕山余脉，平均海拔五百米，主峰近千米。山需盘而登之，故名。分上、中、下三盘，分别以松、石、水为胜。被誉为"京东第一山"。有五峰、八石、七十二寺观、十三座玲珑宝塔及亭台楼阁等名胜。山上有李靖舞剑台。相传唐太宗的名将李靖，曾在此山峰舞剑。戚继光《登盘山绝顶》诗，表达了他忠心耿耿保卫国家、保卫边疆的赤子之心。诗曰：

> 霜角一声草木哀，云头对起石门开。
>
> 朔风房酒不成醉，落叶归鸦无数来。
>
> 但使玄戈销杀气，未妨白发老边才。
>
> 勒名峰上吾与谁？故李将军舞剑台。

上海文化名胜

徐光启故居、光启祠及其墓

徐光启（1562-1633）明代科学家，字子先，上海徐家汇人。万历三十二年（1604年）进士。崇祯五年（1632年）升任礼部尚书兼东阁大学士，旋又兼文渊阁大学士。他的科学研究范围很广，以农学和天文学为突出。从罗马传教士利玛窦学习研究西方科技知识，包括天文、历法、数学、水利等学科，并介绍于我国，对当时的社会生产多所帮助。著作很多，主要有《农政全书》《几何原理》（与利玛窦合译）等。

徐家汇是徐光启后辈长居之地，故名徐家汇。九间楼为徐光启故居，在今光启南路。据传原屋有十二进，现存九间楼（实际只有七间）只是其中之一，徐光启丧父守祭时，息居于此。附近又有光启祠、阁老坊，俱在今光启路。因筑路而被拆毁，而以光启路纪念他。徐光启在徐家汇曾建有"农庄别业"。

徐光启的墓在上海市徐汇区南丹公园（今改为光启公园）内。墓前有一对华表和一座牌坊，额书"明故光绿大夫赠太子少保加赠太保礼部尚书兼文渊阁大学士徐文定公墓阙"，墓道两旁有石马、石羊等。墓地经1957年修整，墓前有徐光启花岗石雕像，东侧是碑廊，有徐光启画像、手迹和传记石刻十二块。

叶圣陶上海故居

叶圣陶（1894-1988），名绍钧，字秉臣，后改字圣陶，1894年10月28日生于苏州。叶圣陶从小爱好文学、喜弄诗词，善书法。

1905年夏天，叶圣陶赶上我国最末一次科举考试，未中。1907年他在苏州草桥中学毕业后，一直在家乡小学任教。1916年8月19日叶圣陶与胡墨林结为伉俪，社会上誉为"金石之缘"。

1915年秋天叶圣陶到上海，在商务印书馆附设的尚公学校任国文教师，为商务印书馆编写小学国文课本。1921年他到上海中国公学任教，1923年后任上海商务印书馆编辑，并任教于复旦大学、上海大学，主持文学研究会日常工作。

1927年5月叶圣陶举家搬到虹口景云里11号（现为东横滨路35弄11号），住至1932年春。在这里，叶圣陶担任《小说月报》主编，有一大批进步作家的处女作、新作都是经他手发表的，其中有丁玲、施蛰存、巴金等。叶圣陶因当时坚持奖掖新人而传为佳话。这时期也是叶圣陶创作的丰收期：代表作长篇小说《倪焕之》在我国近现代史上占有重要一页。短篇小说多收三五斗，半个多世纪来一直被选为语文教材。

1930年底，叶圣陶改任开明书店编辑，先后主编《中学生》《中学生文选》《新少年》等杂志，并出版了大量著作，其中《文心》（与夏丏尊合作），至少有30种以上翻译本，在海内外流传很广。

抗日战争爆发后，叶圣陶在重庆等地从事教育、文艺、编辑工作。1946年2月回到上海继续担任开明书店主编，并主持中华全国文艺界协会日常工作。由于叶圣陶积极参加爱国民主运动，千方百计保护进步作家，他的名字在1948年春上了国民党的黑名单。在中共地下党的协助下，1949年1月叶圣陶秘密离沪，经香港到北京。

叶圣陶上海故居景云里11号是一座两层楼老式里弄中的石库门住宅，砖混

跟着大师去旅行·1

37

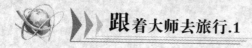

结构。底层前面为客厅，后为厨房，二楼是卧室。有一段时间，著名作家茅盾、冯雪峰都是叶圣陶的邻居。

左联纪念馆

中国左翼作家联盟，是中国共产党领导的，以鲁迅为旗手的革命文学团体。它在继承五四新文学传统，介绍与传播马克思主义文艺理论，倡导无产阶级革命文学，培育进步文艺队伍，创作反映时代精神的文艺作品，粉碎国民党反革命文化"围剿"等方面都取得了辉煌的成就，在我国现代文学史、革命史上谱写了光辉的篇章。

"中国左翼作家联盟成立大会"旧址：在今多伦路201弄2号，原中华艺术大学旧址。系一幢坐北朝南、砖木结构三层楼洋房。屋前有花园，外有围墙。1930年3月2日，在中国共产党领导下，中国左翼作家联盟成立大会在此召开，出席会议有50余人，潘汉年代表党在会上讲话，鲁迅作了《对于左翼作家联盟的意见》讲演。大会推举鲁迅、沈端先、钱杏村、田汉、郑伯奇、洪灵菲为常务委员，周全平、蒋光慈二人为候补委员。

大会通过了左联理论纲领和行动纲领。组成马克思主义文艺理论研究会、漫画研究会、国际文化研究会、文艺大众研究会。左联盟员由最初50余人发展到300余人左右，北平、广州、日本东京等成立分盟。机关刊物有《萌芽》《拓荒者》《前哨》《北斗》等。同年加入国际革命作家联盟。1936年为建立"文艺界抗日民族统一战线"，左联解散。

左联纪念馆建立于1989年10月，由虹口区人民政府、虹口区文化局及社会筹资，在多伦路145号修缮落成了左联纪念馆。2001年左联会址纪念馆迁回多伦路201弄2号原址。同年12月8日正式对外开放。馆名由左联老盟员、上海市委老领导夏征农同志所题。馆内展览面积共计267平方米。一楼为成立大会原址，二楼为展厅。展厅分为"创建历程"、"文学成就"、"反抗牺牲"、"纪念研究"四大部分，以体现先进文化的前进方向为主线，充分运用馆内珍藏文物，辅之以幻灯、录像、电影、声控、光导纤维等现代展示手段，生动形象、全面详尽地介绍了左联成立至解散六年间的活动情况和辉煌成就。

巴金上海故居

巴金（1904—2005）原名李尧棠，祖籍浙江嘉兴，生于四川成都正通顺街一个官宦家庭。

1921年考入成都外语专门学校。1923年到上海，后到南京，在东南大学附中学习，1925年毕业。1927年旅居法国。1928年回国，曾任上海文化生活出版社、平明出版社总编辑，《文学季刊》编委。1934年到日本。1935年回国，在上海任文化生活出版社总编辑，出版《文化生活丛刊》、《文学丛刊》、《文学小丛刊》。1936年与靳以创办《文学月刊》。抗日战争时期，与茅盾创办《烽火》，任中华全国文艺界抗敌协会理事。

抗战爆发以后，辗转于广州、桂林、上海、重庆等地，将理想融入知识分子的民间出版事业。1946年返回上海定居。

1949年出席第一次全国文代会，当选文联常委。1950年担任上海市文联副主席。1960年当选中国文联副主席和中国作协副主席。"文革"中，遭到了残酷的迫害。

1981年提出建立中国现代文学馆的设想。1985年3月主持开馆典礼。1983年、1988年当选为第六、七届全国政协副主席。1993年3月当选为第八届全国政协副主席。1996年12月当选为中国作家协会第五届委员会主席。1998年3月当选为第九届全国政协副主席。2001年12月当选为中国作家协会第六届委员会主席。是一至四届全国人大代表，第五届全国人大常委。中国人民政治协商会议第六、七、八、九、十届全国委员会副主席，中国作家协会主席。

2005年10月17日19时06分巴金因病在上海逝世。享年101岁。

从1921年公开发表第一篇文章，到1999年2月续写《怀念振铎》一文，巴金一生中创作与翻译了1300万字的作品。

1922年在《时事新报·文学旬刊》上发表《被虐者的哭声》等新诗。1927年旅居法国期间，创作了处女作长篇小说《灭亡》。1931年《激流三部曲》之一的《家》在《时报》连载，是巴金的代表作，也是中国现代文学史上最杰出的作品之一，被译成20多种文字。1934年写了《神》《鬼》《人》三部短篇。长篇小

跟着大师去旅行·1

说有《爱情三部曲》（《雾》《雨》《电》）、《激流三部曲》（《家》《春》《秋》）及《抗战三部曲》（《火》之一、之二、之三；中篇小说《憩园》《寒夜》）。译有赫尔岑回忆录《往事与随想》。1978年底-1986年8月，创作了五卷本散文《随想录》。1958年-1962年，人民文学出版社出版了《巴金文集》十四卷。1994年《巴金全集》26卷全部出版。到1994年6月，共写作并出版了120部著作，还翻译了62部外国作品。

1978年"文革"结束后，以沉痛的心情反思知识分子在20世纪所走过的道路和教训，并以个人为解剖对象，写作了五卷《随想录》（包括《随想录》《探索集》《真话集》《病中集》《无题集》）。

巴金晚年出版随笔集《再思录》，整理出版《巴金全集》（16卷）、《巴金译文全集》（10卷）等。

获取国内荣誉有：1982年获意大利卡森蒂诺研究院授予的但丁国际奖。1983年获法国荣誉军团勋章。1984年被香港中文大学授予荣誉文学博士学位。1985年被授予美国文学艺术研究院外国名誉院士称号和荣誉文学博士学位。1990年获苏联最高荣誉勋章——苏联人民友谊勋章，同年还获第一届福冈亚洲文化奖特别奖。1993年4月获亚洲华文作家文艺基金会颁发的"资深作家敬慰奖"，同年意大利蒙德罗国际文学奖评委会授予巴金和以巴金为主席的中国作家协会特别奖。1998年获上海市人民政府颁发的文学艺术最高奖项——杰出贡献奖。1999年10月，经国际小天体命名委员会批准，中国科学院北京天文台施密特CCD小行星项目组发现的一颗小行星被命名为"巴金星"。

2003年11月25日，巴金百岁生日，国务院在上海授予巴金"人民作家"光荣称号。

上海武康路113号是巴金故居，故居门前的铭牌上写着曾为苏联商务代表处。始建于1923年的老式花园住宅里，巴金和女儿李小林一家居住了40多年。1955年5月，巴金迁居到武康路寓所。这是他在上海居住得最长久的地方。

巴金和李小林一家就住在这幢三层小洋楼里。这是一幢陈旧的老式洋房，开间小的客厅是以往巴金接待客人、全家欢聚的场所，除桌椅、茶几、挂画之外，并无更多的摆设。房外庭园，草木正盛，路径上印满了巴金慢步静思的脚印。

巴老的书房内，有一张简陋的小书桌，晚年的巴老疾病缠身，仍以非凡的毅力在上面一笔一画写出一篇篇感人至深的文章……

在这幢花园洋房里，交织着巴金后半生的悲欢。在这里，他写成了被海内外思想界、知识界和文学界公认为"说真话的大书"：《创作回忆录》《往事与随想》《长夜》《一双美丽的眼睛》等译作及小说。

武康路113号，是巴金先生在上海的住宅，也是千万读者心目中的文学圣地。

许多巴金研究者、巴金的热心读者都关注着这幢"独立式花园洋房"，认为这里的一切都应该好好保存，让人们永远记住，一位文坛巨匠曾在这里长期生活过。

除此处外，巴金在上海还在八九处地方居住过。巴金为文学事业进进出出的每一处家，每一幢楼，都留下了丰硕的文学业绩，是留给后人的宝贵文化财富。

1923年5月，巴金和三哥李尧林离开成都，乘船辗转到达上海。这是巴金第一次来到上海，住在临近码头的武昌路景林堂的"谈道宿舍"（教友宿舍）。1925年8月，巴金第二次来上海先后住过马浪路（今马当路）和康悌路（今建国东路）。巴金曾回忆，写道："我住在上海康悌路康益里某号亭子间里的时候，常常睡在床上听到房东夫妇在楼下打架。"后来他在法国写《灭亡》初稿时把这些情节写了进去。《灭亡》中"杜大心"这个人物就是孕育于马浪路的。

1928年12月，巴金从法国回国后再次来上海。"回到上海，我的好朋友索非告诉我，宝山路鸿兴里的世界语学会的房子可以暂住。这是我第三次到上海的第一个栖身之处。"巴金在这段时期，担任世界语函授学校的教员工作及推广工作。

1929年1月，巴金搬进宝山路宝光里14号。巴金在此居住期间，完成了他的代表作《家》，同时还写出了《雾》《新生》（第一稿）等以及十几个短篇。

"一·二八"战火，轰毁了青年巴金的梦。他和友人从闸北"逃难"至步高里，为上海文化界出版的一份抗日报纸写了《从南京回上海》，记录了战火见闻，后写下了一篇抗日小说《海的梦》。他说："我把我的感情，我的愤怒都放进我的小说。小说里的感情都是真实的。"

1932年，巴金的舅父在那时已从志丰里搬到隔壁弄堂花园别墅1号居住。巴金随舅父前后住了将近一年，直到1933年春天，他舅父去外埠工作，把房子退掉，巴金才迁走。在花园别墅，巴金除完成了《春天里的秋天》之外，还重写了《新生》的第二稿。

跟着大师去旅行·1

这年的8月初，巴金在上海第一次见到了鲁迅。

这一年中，巴金萍踪无定，到底还住过何处，巴金自己也记不清了。他说："只有狄思威路（今溧阳路）麦加里还有印象。我在那住过。1934年11月巴金去日本了。

不久巴金从日本又回到上海。1936年底，翻译家马宗融要去广西大学教书，请巴金住到拉都路（今襄阳南路）敦和里21号帮其照看房子。巴金回忆时，曾风趣地说："那时候，我住得阔了。整幢房子，就我一人住。三楼是卧室，二楼是书房，底楼是客厅。"巴金的童话《能言树》，就是在这里写出来的。

巴金在敦和里住了半年。1937年暑假，马宗融一家返沪。巴金就搬到霞飞坊（今淮海坊）59号仍和好友索非住在一起。"当时，索非一家住在二楼和底层，我就住在三楼。住进霞飞坊前后也算有了十八年时间。"

抗日战争开始后，去"大后方"之前，巴金在霞飞坊先后完成了《激流》三部曲的后两部——《春》与《秋》。在这里，他写完了《寒夜》。同时完成了《狱中二十年》等译作。

新中国诞生了，又是在这里，巴金开始了共和国初建时的紧张、沸腾而又使人充满信心的新的生活。他两次到朝鲜战场访问，写出了《我们会见了彭德怀司令员》等作品，写成了小说集《英雄的故事》。他出访波兰、苏联、印度等国，积极参与国际和平友好与文化交流的工作。巴金曾居住在上海淮海路霞飞坊（现为淮海坊），现在地址为淮海路927弄59号三楼。目前，在淮海坊59号门外还保留"著名文学大师巴金1937年曾在此居住"的石碑。巴金一生中最后的日子是在上海华东医院度过的。巴金先生已在华东医院住院多年，在巴老逝世之后，此时此刻，我们在这里仿佛还能听到他老人家的朗朗乡音，听到世纪巨匠那颗伟大心脏的顽强跳动！

岳碑亭与岳飞诗手迹

岳碑亭在川沙县城墙东南角旧城头上。碑上诗句，相传为岳飞所作：

学士高僧醉似泥，玉山颓倒瓮头低。

酒杯不是功名具，人手缘何只自迷。

　　相传岳飞在河南大梁（今洛阳）舞剑阁手书一诗，赠学士李梦龙，后李梦龙到浙江天台山当和尚。明时，天台僧了心到川沙种德寺，将岳飞手迹带至。道光十二年（1832年），川沙同知郑其中将墨迹摹勒石上，置种德寺内。咸丰十一年（1861年），种德寺火毁，碑弃杂草中。同治十二年（1873年），碑移观澜书院池畔，建亭。宣统元年（1909年），亭毁被扑。1913年，碑又移至书院东首文昌宫墙间，后又移至今址。

　　岳飞手迹诗帧，现已保存于南京博物馆。

　　蔡钧培在《川沙新竹枝词》诗中，写道：

　　　　岳碑亭久历沧桑，片石长流翰墨香。
　　　　民族英雄忠义气，龙蛇笔势共辉光。

青浦县淀山湖的上海大观园

　　淀山湖位于青浦县朱家角镇西。湖面宽阔，四周绿树青草环绕。1980年1月，上海园林管理局经过周密设计，在淀山湖与竜荡之间这片绿洲上，按《红楼梦》的描绘构筑了国内第一座"大观园"。"大观园"是根据曹雪芹的名著，运用我国园林传统艺术再现的《红楼梦》胜景。"大观园"布局奇巧豪华，古建筑成群。大观园门外，矗有高大的牌坊，上书"太虚幻境"，牌坊两边柱子上刻有对联："假作真时真亦假，无为有处有还无。"过了牌楼，迎面是以"女娲补天、顽石思凡、宝玉出世、归真反本"的四幅花岗岩浮雕组成的巨型照壁。大照壁的北面便是"金陵十二钗"汉白玉玉雕。转过大照壁就可进入大观园。大观园以元妃贾元春的"省亲别墅"为主体，所以，大门内，其中轴线部位，从元妃更衣处"体仁沐德"径直引申，过园心湖，到"省亲别墅"，到大观楼，依次渐进，整个园林竟有庭院八进，纵深，开阔，显出堂堂皇家气派。元春的三个胞妹——迎春、探春、惜春的住所——紫菱洲、秋爽斋、暖香坞，则依大观楼而立。除中轴建筑群外，大观园又分东西两部分。西部有贾宝玉的温柔之乡——怡红院、芦雪亭、红香圃，妙玉修行的

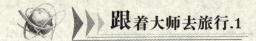

尼庵——拢翠庵、凹晶馆、凸碧亭等。东部有林黛玉的住处——潇湘馆，薛宝钗的住处——衡芜院，李纨的居处——稻香村、沁芳桥等。如果登上大观楼，满园风光尽收眼底。大观园里汇集了南北园林的特色，20多处景点，其气势之宏伟，建筑之精致，风格之典雅，可谓开我国园林艺术之大观。

重庆文化名胜

红岩与老一辈革命家的诗词

重庆，是毛泽东同志和周恩来、董必武、吴玉章、叶剑英、邓颖超等同志战斗过的地方。当年党中央南方局所在地——红岩，八路军办事处城内办公住地——曾家岩"周公馆"，就是他们在重庆期间，团结后方抗日民主力量共同战斗的历史见证。红岩原名红岩嘴，在重庆城西距中心区约十华里，位于嘉陵江畔，为红砂石岩头。抗战爆发后，八路军办事处租借饶国模先生在红岩嘴农场的地皮，修建一幢竹木夹壁楼房，作为八路军重庆办事处的办公住地。

1945年8月同国民党在重庆进行和平谈判期间，毛泽东同志和周恩来同志住在红岩办事处二楼上。

董必武同志曾在红岩住了八个年头。1958年11月10日重访红岩，并写了《红岩村题诗》：

其一

到底人民胜，红岩不枉居。

孰论持久战？谁写败降书？

诸问今皆白，当时惑未祛。

结庐在虎穴，纸虎逊黔驴。

其二

　　　　　　　红岩须团结，当途每反之。
　　　　　　　励精若图乱，发奋欲为雌。
　　　　　　　摩擦功夫熟，经营天下私。
　　　　　　　吾人遭迫害，履险总如夷。

　　1960年春节前夕，郭沫若同志等由北京飞来重庆度假。二月三日上午，郭老举家重游红岩八路军办事处旧址，初春的阳光，照亮了山谷里的曲径、水塘。郭沫若兴致勃勃地看完旧址陈列后，欣然命笔，题为《题红岩村革命博物馆》，其一写道：

　　　　　　　红岩名太好，今日满堂红。
　　　　　　　伟业凭开创，解放建丰功。
　　　　　　　乐园来地上，赤县扇东风。
　　　　　　　到此低回久，九州已大同。

　　1937年7月至1941年1月，叶剑英为党中央派驻重庆的代表之一，协助恩来同志与国民党谈判团结抗日问题。叶剑英同志在重庆工作期间住在红军办事处二楼。时隔三十八年后，年已八十三岁高龄的叶剑英，于1979年4月15日重访红岩时，曾特留两句旧作以资纪念：

　　　　　　　虎穴坚持神圣业，
　　　　　　　几人鲜血染红星！

曾家岩与老一辈革命家的诗词

　　曾家岩50号是我党在重庆的公开办公处所，国民党反动派十分仇视。当年，50号门前的大马路并未修逗，下车后必须经过一条近百米长的巷道，国民党反动派

派遣一些外勤特务伪装成茶馆顾客、小商小贩或擦皮鞋的游民，注视着"周公馆"的动静。在巷道口子右边有幢三层砖房，是国民党军统头目戴笠的"公馆"；左边，隔壁是国民党军政部二厅政训班的"招待所"曾家岩50号二楼进门右边的一个仅十四平方的小房间，是董必武在重庆工作期间的城内办公住地。1958年11月9日，董必武重游曾家岩旧居时，写了《戏咏重庆曾家岩周公馆》一诗：

八年抗日此栖身，"三打维支"笑语新。

戴笠为邻居在右，总看南北过门人。"三打维支"系英语译音面包夹火腿。抗日时我们住一、三两层，二层大部分系国民党人居住。

1960年春节，郭沫若到曾家岩50号参观。郭写道："曾家岩……，已成博物馆，参观者络绎不绝。馆中除原办事处房屋外，将比邻楼上国民党安置特务的房间也一并打通，使观者一目了然于斗争之艰巨。"郭老题有《参观曾家岩十八集团军办事处》一诗：

曾家岩上宅，此日自由开。

吸力无穷尽，人群不断来。

比邻栖特务，凿壁费安排。

枉自心劳拙，而今安在哉？

重庆与郭沫若《屈原》的创作及演出

郭沫若的历史剧屈原，于1942年1月在重庆写成，同年4月3日在重庆国泰大戏院（即今和平电影院）首次演出。抗日战争时期，郭老对《屈原》的创作及其演出，在我国现代文学史、戏剧史上，以及在周恩来领导下的国统区进步文化界对国民党在文化上的法西斯统治的针锋斗争中都是有十分重要的意义的。

我们都知道郭老是屈原研究专家，他推崇屈原，对屈原的思想、人格乃至悲剧的身世，有极深湛的研究。郭老用屈原这个历史题材，创作了诗剧《湘累》长诗《凤凰涅槃》，并完成了《离骚》今译。正当创作历史剧《屈原》时，长篇论著《屈原研究》也同时问世。郭老在1950年谈到《屈原》创作时指出："这个剧本是1942年1月，国民党反动最黑暗的时候，而且是在反动统治的中心——最黑暗的重庆。不仅中国社会又临到阶级不同的蜕变时期，而且我的眼前看见了大大小小的时代悲剧，无数的爱国青年、革命同志失踪了，被关进了集中营。代表人民力量的中国共产党在陕北遭受着封锁，而在江南抵抗日本帝国主义侵略最有功劳的中共所领导的八路军之外的另一支兄弟部队——新四军，遭到了反动派的围剿，受到很大损失。全中国进步的人们都感受着愤怒，因而我要把这时代的愤怒复活在屈原的时代里去了。"

当周恩来知道郭老正在进行创作《屈原》的时候，便来郭老家，听完了郭老的意见后说，屈原在当时受迫害，我们也受迫害，这个题材好！

在周恩来的热情鼓励下，郭老从1942年元月二日起，仅用了十天的时间，到元月十一日夜半，完成了《屈原》这一伟大创作。

当《屈原》公演的消息传开以后，整个山城沸腾了。《屈原》一剧在各界人民的心中激起了巨大的反响。人们学着剧中人物的声调，朗诵《屈原》剧中的《雷电颂》："你们滚下云头来，爆炸了吧！……爆炸了吧？"借以表达他们对蒋介石黑暗统治的强烈不满情绪。《屈原》犹如一发重大炮弹，在国民党统治的心脏地区爆炸开了。

在《屈原》公演中，重庆报刊上发表了将近一百首有关《屈原》的唱和诗里，许多作者纵情高歌，赞美屈原，回击国民党反动派的进攻。如张西曼先生的诗中，就反映了《屈原》在演出中的生动的艺术效果和人民群众拥护这个戏的动人情景：

端阳凭吊两千秋，广大同情不忘仇。
三户就能催革命，人民裁判辨薰莸。
屈原不死起知音，凄绝孤忠泽畔岭。
台上化身台下泪，国忧家难动人心。

跟着大师去旅行·1

47

河北文化名胜

邢台县赵孤庄与纪君祥《赵氏孤儿》

元代剧作家纪君祥，大都（今北京）人。根据《战国策》和《史记·赵氏世家》编成了剧本《赵氏孤儿》。剧中描写的故事发生在春秋晋灵公时，奸臣屠岸贾与忠臣赵盾不和，又嫉妒赵盾的儿子赵朔是灵公的女婿，于是进谗言诛灭赵氏父子，还要杀害赵朔的遗腹子即赵氏孤儿。幸有义士程婴巧计救下孤儿，并以自己的婴儿抵命使屠岸贾相信孤儿已死，大臣公孙样臼、韩厥等也都为保全孤儿牺牲了自己的性命。孤儿长大以后，程婴告诉他这个深仇大恨，孤儿怒不可遏，杀死了仇敌，报了三代大仇。

据《邢台县志》载："赵孤庄在城西北二十五里处，相传程婴匿赵武处。赵武就是孤儿，程婴是把他藏匿在赵孤庄。赵孤庄在邢台县城西北，村子里有二百户人家，房屋多用石块垒成，都盖在斜坡上，高高低低，参差不齐。村南有一块较为平坦的土地，相传赵氏孤儿赵武长大后，曾经在此操练人马，比试武功。村西有片岗坡地，村里人称为马场，相传赵氏孤儿曾在这里养马，是马厩旧址。在马场西边有一个高大的山岗，岗上长满荒草和杂树。民众说这是赵氏孤儿坟。

早在战国时期，赵王曾在邯郸为韩厥、程婴和公孙样臼立祠，以祭祀曾经保护他先人赵氏孤儿的功臣。现在邯郸市丛台公园里的"七贤祠"中供奉着韩厥、程婴、公孙杵臼。

安国关汉卿故里

关汉卿，约生于元太宗在位时（1229-1241），死于大德（1297-1307），创作了六十多种杂剧，现存有《窦娥冤》《救风尘》《望江亭》《蝴蝶梦》等十余种。

　　元代大剧作家关汉卿的故里在河北省安国县伍仁村，村在县城南约15公里。村西有座南北向横跨磁河的五孔石桥，名伍仁桥，系明朝万历皇帝的郑贵妃出资修造的。伍仁村历史悠久，很早就有"文明古村"、"薄阴水乡"、"凤凰圣地"之称。村西北角有一片面积近10亩的高基，高出地面约2米，南北长方形，这是关家祖籍居地。早在宋、金时期，关家是伍仁村大户，在村中普救寺南侧，紧靠蒲水湖建成了高基关家宅院，后人称其为"高园"或"关园"。园中有一座别致的小楼，取名"一斋"。关汉卿在一斋攻读多年，直到二十多岁时才离开故乡，来到大都投身梨园书会。晚年又回到故乡，独处小楼写作，死后葬于村东北的北堤湾祖茔中。

　　关汉卿陵墓面积约10亩，地势较高。西、北两面，磁河绕陵而过，东、南两方向是千里大堤。陵墓依堤傍水，风景秀丽。墓台砖基，高约1米，砖质结构，台上土丘直径10米左右。四周遍植松柏，郁郁葱葱。墓前竖着一座元代风格的墓碑，牌楼样式，高3米、宽12米，碑首镌刻九沟十八瓦，碑身由三块大理石组成，古朴庄重，碑的正面题有"伟大戏剧家关汉卿之墓"。背面刻有《重修关汉卿墓碑记》。两侧刻有楹联："绝词妙曲，恒歌九天而外；傲骨冰心，永颂四海之中。"

海关与明代戚继光《山海关城楼》

　　山海关，古称输关，又名临榆关。在河北秦皇岛市东北。据文献记载，在山海关这一带修筑长城始于553年北齐时代，明太祖时置卫涉戍，洪武十五年（1382年），筑城建关，因其背山面海，故取名山海关。关城东临渤海，北依角山，扼东北至河北之咽喉，自古为战略要地，而有"天下第一关"之称。

　　戚继光（1528-1587），我国历史上著名的英雄，明朝抗倭名将。山东蓬莱人。从1567年起，他镇守蓟州十六年，山海关是其镇守范围战略要地，为加强北部边防也做出了卓越贡献。他曾写有《山海关城楼》一诗，如下：

楼前风物隔辽西，日暮凭栏望欲迷。
禹贡万年归紫极，秦城千里静雕题。

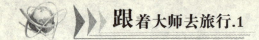

蓬瀛只在沧波外，宫殿晓瞻北斗齐。

为问青牛能复度？愿从仙吏授刀圭。

诗中说，在落日时刻向北方望去，岂能靠山川风景来阻隔辽西的顽敌，表达了防守好山海关的信心，也流露出要在成功之后"从道求仙"。

老龙头与戚继光

老龙头距山海关四公里，是万里长城的东起点。明代蓟镇总兵戚继光于万历七年（1579年）在此建澄海楼，砌石为垒，高三丈，伸入海中七丈。万里长城腾空至此，如巨龙跨海而去，势不可挡，故名老龙头。老龙头虎踞海边，地势险要，登澄海楼极目远眺，天水苍茫。戚继光曾有诗曰："春人汉关三月雨，风吹秦岛五更潮。"

清代康熙、乾隆等几代皇帝在赴奉天祭祖时，均在此小憩数日，登楼观景，饮酒赋诗。光绪二十六年（1900年）八国联军舰队攻入渤海湾，炮击澄海楼，雄伟建筑毁于一旦。近年已重修一新。

老龙头旁有周围一里的宁海城旧址，用花岗石砌筑的台基，高10米，长24米，为城内军事设施的仅存遗迹。

姜女祠

万里寻夫的姜女，后人为她修建了姜女祠，即姜女庙。此庙相传建于宋代，明万历二十二年（1594年）重修，清代又一次重修。姜女祠在山海关东北十二里，坐落在望夫村凤凰山高约一百二十米的山岗上。庙内有山门、前殿、后殿、钟亭等建筑，共两进院落。前殿中有孟姜女塑像，形容端庄，衣饰简朴，左右两童子，各挎包袱与雨伞，表现了其远道而来之形色。悬有联云："秦皇安在哉，万里长城筑怨；姜女未亡也，千秋片石铭贞。"此诗是康熙帝于1682年东巡至此赋写的。殿门还有楹联：

海水朝，朝朝朝，朝朝朝落；

浮云长，长长长，长长长消。

叠字用得巧妙，并富有哲理性，耐人寻味，玄烨也曾写《姜女祠》一诗：

朝朝海上望夫还，留得荒祠半仞山。
多少征人埋白骨，独将大节说红颜。

昌黎碣石山与曹操《观沧海》

曹操（155-220）生活于东汉末年，是中国历史上一个杰出的政治家、军事家和文学家。作为诗人曹操留传后世的作品不多，只有二十余首，但首首都是千古传诵的名篇。其中的《观沧海》，是唯一的一首描写自然景色的作品：

东临碣石，以观沧海。
水何澹澹，山岛竦峙。
树木丛生，百草丰茂。
秋风萧瑟，洪波涌起。
日月之行，若出其中。
星汉灿烂，若出其里。
幸甚志哉，歌以咏志。

诗中描述的是建安十三年（207年），曹操东征乌桓，胜利回师途中，时值深秋，登碣石山，所看到的渤海壮丽的景色。这首诗通过对海上瑰丽景色的描写，形象地表达了曹操在战争中取胜后的那种踌躇满志、情意飞扬的心境。

文学史家和文学评论家对"碣石山"有不同的说法：（1）一说指今河北省昌黎县北部的碣石山；（2）大概受到毛泽东1954年所写《浪淘沙·北戴河》一

跟着大师去旅行·I

词的影响，有人说碣石山大约在北戴河海滨旁的金山嘴；（3）在辽宁绥中的海滨中有人发现了"碣石山"。（请见辽宁篇）

昌黎碣石山，自古就是一座名山。根据史籍记载，秦始皇、汉武帝曾经登临，刻石纪功。此山在昌黎县城北约八里。山脚下有千年古寺——水岩寺的遗址。有石级可登山，一路经过"老虎口"等隘口，顶峰上已建有现代化的电视转播台。绝顶的巨型石岩上刻有"碧云峰"三个大字。据清同治《昌黎县志》称碣石山有十景：碣石观海、天柱凌云、石洞秋风、水岩春晓、西嶂排青、东峰耸翠、龙蟠灵壑、凤翥祥峦、霞晖萃堵、仙影沧浪等，山景诱人。

明清著名诗人、学者李攀龙、顾炎武、尤侗等，皆登山一游，并留下了赞咏山景的诗词石刻。

昌黎五峰上的韩文公祠

韩文公祠位于河北省昌黎县城北偏西五公里的五峰山上。韩文公祠就坐落在五峰山的平斗峰前面的半山腰上。韩文公祠二面高峰入云，一面下临幽深的峡谷。

韩文公祠有正殿三间，殿内正中供韩文公泥塑像，两侧为朱公（明赞理军务都察院右都御史朱国栋）和范公（即范志完）泥像。正殿两侧各有配房，并围以院墙。还在五峰山的挂月峰山腰凿修一座"范公洞"（原名"刘九洞"，范志完自称小名"刘九"）。

韩文公祠原是奉祀唐代大文学家韩愈的庙宇。韩愈，字退之，死后谥号"文"，所以后人称其韩文公。韩愈本出生河阳（今河南孟县），且一生未曾到过昌黎，为何在昌黎建祠呢？据《昌黎县志》记载，明崇祯十四年（1641年），驻在山海关督师的兵部侍郎范志完，到昌黎县城拜谒韩文祠（祠在县城内，建于明洪武四年），后到五峰山游览，观此处风景优美，认为其地"天生文笔峰"，遂决定在五峰山的圆通寺旧址再建一座韩文公祠。这是出于因缘附会。因为古人很重视"郡望"，姓韩的以昌黎一支"郡望"最高，故后人就称韩愈为"韩昌黎"。北宋元丰年间，还追封他为"昌黎伯"。所以，当地亦称韩文公祠为"韩昌黎祠"。

李大钊同志故乡距韩文公祠较近，一生中曾先后五次登临五峰山，都住在韩文公祠里，在这里留下了他伟大的革命遗迹。李大钊曾在此写下了《山中即景》和《五峰游记》等诗文及《我的马克思主义观》等著名论文。

古洋河畔的"诗经村"与毛公祠堂

《诗经》是我国最早的一部诗歌选集，分"风"、"雅"、"颂"三类，共收入西周初期至春秋中叶历史时期的诗歌305篇。诗风朴素自然，音调和美，保持了浓厚的民歌特点，对后世文学创作影响深远，因而在我国文学史上占有相当高的地位。

传说，《诗经》经过孔子删定之后，传给了子夏，后来传到毛亨（俗称"大毛公"）。毛亨又将《诗经》口授给毛苌（俗称"小毛公"）。有的说毛亨曾作《毛诗诂训传》，以授毛苌。毛亨死后，毛苌流落于河间郡崇德里（今河间县二十里铺）。后来秦灭汉兴，西汉景帝刘启封刘德为河间献王。刘德修学好古，曾在河间城北设立"君子馆"招徕贤者学士到此讲学，毛苌应聘，为博士。毛苌能背诵《诗经》，并能逐篇讲解。献王刘德命毛苌开馆讲学，传授《诗经》。当时，书籍所存无几，全国能讲解《诗经》的只有鲁、齐、韩、毛四家。前三家为今文诗学，"毛诗"为古文诗学。今文诗学魏晋以后逐渐衰亡，唯有作为古文诗学的"毛诗"得传。至东汉时，马融著《毛诗诂训》，郑玄为之笺注，使"毛诗"更广流传。

毛苌讲解《诗经》的地方，就是现在的"诗经村"。后人为纪念他，曾在村旁修建了毛公书院和毛公祠堂。至今遗迹尚存。

桑园镇的孙膑石牛

孙膑石牛亦名桑园石牛，位于河北省吴桥县西部桑园镇的县文化馆院内，自1957年开始被列为河北省重点文物保护单位。

据《吴桥县志》记载，战国时期齐国著名的军事家孙膑之墓在吴桥城（在县中部，今为吴桥镇）东南七点五公里的地方，墓后建有孙公庙。相传孙膑生前习惯骑牛出行。清代乾隆二十五年（1760年）人们集资雕琢了这尊石牛，放置在孙公庙门的东侧，以示缅怀这古代军事家，并取名孙膑石牛。1956年县文物管理

跟着大师去旅行·1

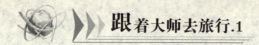

部门为加强对石牛的保护，将其运至吴桥城（今吴桥镇）县文化馆。1980年11月25日，又将其由旧县城运到新县城桑园镇新文化馆院内。

孙膑石牛由整块青石雕刻而成，昂然站立在青石底座上，身高为13米，身长15米，其头部仅刻一只触角。石牛的刻工精细，全身光滑逼真，具有较高的艺术水平和价值，现除头部触角被碰掉一块之外，其余皆保存完好。

纪晓岚故里和墓地

距离沧州市三十公里，沿石黄高速公路西行十分钟即到一个古老小镇——崔尔庄镇，在高速公路旁有一个指路牌——"纪晓岚故里"。纪晓岚的童年就是在崔尔庄镇度过的。从崔尔庄镇西行15公里，就是纪氏的祖居地和祖茔地景城村。景城村如今是一个隶属于崔尔庄镇的行政村。纪氏始祖纪椒坡公的茔墓矗立在村南的枣林中。如今的崔尔庄镇是个繁华的小镇，纪氏当年的府宅已荡然无存。但纪晓岚的墓地仍在，位于崔尔庄镇政府南三公里的北村。在村南300米处的坟茔，就是一代文宗长眠之地。矗立在墓地前的神道碑上铭有："皇清太子少保协办大学士礼部尚书纪文达公神道碑"22个颜体大字。这是一块四米多高的下马碑。此碑曾被雷电击碎，后由其六世孙，于民国九年又仿原碑重立。坟前有一座高大雄伟的"蛟龙碑"墓碑，上镌有嘉庆帝的御制碑文，文中褒扬了纪文达公的一生。1966年7月，纪晓岚的墓地曾被扒开，里面是个大木套，木套里面是两个并排的荷叶棺。刻有"文达公"字样的棺材里，是纪晓岚。他身上的衣服一见风就烂了，光剩下了骨头。脖子挂有一串朝珠，共有三十八颗，多白色、紫色。戴的帽子上有玉制帽盔。身边有一个六边形的金属盒，好像印盒。在其妻马氏的棺材里，骨头完整，头发油黑，头上戴有两颗金簪。除此之外，别无金银财宝。

邯郸的武灵丛台

武灵丛台位于河北省邯郸市城区的东北部，坐落在中华大街西侧，沁河南畔，南邻邯郸市人民政府。丛台，是指亭台众多，又因丛台始建于战国赵武灵王时期，并为赵武灵王观看军事操演和歌舞的地方，故俗称作武灵丛台。

武灵丛台经历了无数天灾人祸的毁坏，进行了多次改建重建，发生了很大的变化。现在丛台中间夯土筑成，外面以青砖砌成，高达26米，东西长59米，南北宽22米，向前突出的一段长达五十米，宽十米。台前翠柏夹道，南北两侧有以砖或条石所砌踏道，拾级而上，直达一层台顶。台东部有如意轩，是汉高祖九年为纪念赵王如意而建的。北部有赵王宫，又名武灵馆。西有回澜亭，东有门楼，沿阶往上可抵台的最顶部。台顶平坦呈圆形，直径十九米，高十三米，原名武灵台。明代嘉靖十三年（1534年）建亭于台上，取名据胜亭，最高处的门额上书有"武灵丛台"四个大字。

丛台的北侧有七贤祠，是为纪念赵国的韩厥、程婴、公孙样臼、蔺相如、廉颇、李牧和赵奢而建造的。丛台以西有一个小湖，湖心有亭，俗称"湖心亭"，其原名为"望诸榭"，是后人为纪念战国时代燕将乐毅而建。

唐代大诗人李白、杜甫、白居易，都曾到丛台游览，吟诗作赋。李白曾写"歌酣易水动，鼓震丛台倾。"杜甫在《壮游》诗中更描写了丛台的繁华景象，诗云"杵下考功第，独辟京尹堂。放荡齐赵间，裘马颇清狂。春歌丛台上，冬猎清丘旁。呼鹰皂枥林，逐兽云雪岗。"武灵丛台已建成公园，夏日湖水荡漾，荷花映红，杨柳婆娑。

临漳大夫村的西门豹祠

西门豹为战国魏文侯时邺令，曾破除河伯娶亲的迷信，并开凿水渠十二条，引漳水灌溉，改良土壤，以发展农业生产。司马迁《史记》有其传记。现在河北邯郸临漳县大夫村西有西门豹祠遗址和四块纪念碑。据传西门豹祠，原是一座赫赫大庙，门前有照壁，庙内有正殿五间，两边各有厢房，庙墙宽厚高大，圈地五百四十分亩，是当地最大的庙宇。西门豹的塑像端坐在正殿中央，面貌威严而又慈祥，是旧时代清官的象征。西门豹祠是在日本侵占时期被破坏掉的，而现在祠堂早已毁没，只留下有四块纪念碑。

最早的一块碑是宋嘉祐丁酉二年（1057年）所立，名为西门大夫庙记，距今已有九百多年。碑为赭色细石，较为名贵，只因年久，加之保护不善，碑文已斑驳不清。另一块青石碑立于明弘治六年（1488年），碑文略有脱落，但可成

跟着大师去旅行·1

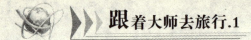

诵。第二块碑是道光二十七年所立，碑文还很清楚。据碑文记载，在北齐天保年间就建立了西门祠，道光丸年祠堂毁于地震，十几年重建西门大夫庙，计有厦三楹两间，垒起庙垣，筑起照壁。

据西门豹祠遗址西十几华里，有西门豹修渠的遗址。十二条渠的原貌已不可见，只留下一条大沟，群众称为"西门渠"，也叫"战国渠"。从这里溯流而上不远，就是岳城水库。

黄粱梦与唐代沈既济传奇《枕中记》

黄粱梦一词源出于唐代沈既济所作传奇《枕中记》。传奇讲述一个故事：唐开元七年，一书生卢生进京赶考，在一家客店邂逅道士吕翁，自叹苦不得志，很想建功立业，一享富贵荣华。店主此时正在蒸煮黄粱饭，道士吕翁顺手将自己的青瓷枕递于卢生，谓枕用此枕可以如愿以偿。卢生倚枕而寐，梦中他回到山东老家，娶了容貌美丽的崔氏做妻子，其后官运亨通，最终晋升为中书令，封为燕国公。年逾八十，生命久治不愈，正当弥留之际，却一惊而醒，举目四望，一切如故。只见吕翁坐在旁边微笑，店主所煮黄粱未熟，刚才的一切原来却是一场梦，"黄粱美梦"、"一枕黄粱"的成语便出典于此。人们据此在邯郸市北修建了吕翁祠，俗称黄粱梦。

黄粱梦，在邯郸县的黄粱村南，南距邯郸市区十公里。黄粱梦最初修建不晚于金代。现在黄粱梦庙宇，大多是明清时代的建筑。这里有钟离、吕祖及卢生三殿。整个面积达到14000多平方米。

祠门外，有一堵高大的"二龙戏珠"琉璃照壁。照壁龙脊兽檐，金碧交辉，正面横刻"蓬莱仙境"四个斗大的金字。照壁对面是丹房，墙上有洞门通往内院。经莲花池，穿过门上横匾书有"神仙洞府"的圆形大门洞，就到了钟离殿。再往里走是吕祖殿。此殿比钟离殿雄伟得多，这也是吕祖祠的主体建筑。紧接着是卢生殿。这是黄粱梦的游览中心。殿内一尊细石雕刻的卢生卧像，侧身静卧于石案上，头枕方形枕，两腿微曲，面目清秀，双目微合，神态悠然，正在梦乡。可惜睡像的头和手部均稍有损残。此外大殿的北面墙壁上，还绘有黄粱梦的故事。墙壁上也嵌满了诗刻。这些诗表露了各种心态，是各种处世哲学的展览厅。清康熙时人陈潢，他要仿效卢生，写了一首《题卢生卧像》：

> 富贵荣华五十秋，纵然一梦也风流。
>
> 而今落拓邯郸道，愿与先生借枕头。

有一天河督靳辅来游黄粱梦，在墙上发现了这首诗，就召陈潢为幕僚，叫他协治河防，后陈潢升为高官。不久遭诲，被捕入狱丧生。这是他学步卢生的悲惨下场。

后院内存有历代碑碣多方，最著名的为金人元好问题诗碑。

1900年八国联军进攻北京，光绪皇帝和慈禧太后仓皇西逃。《辛丑条约》签订后，光绪和慈禧重返京城，路过黄粱梦时，在此大建行宫，现在也有遗迹留存。

日本帝国主义侵华来到这里，得知黄粱梦这个讽喻故事，以为是讽刺他们想奴役中国是空做黄粱美梦，立刻把黄粱梦改名王化堡，要用他们的"王道"来奴化中国，结果还是一场黄粱梦。

蔺相如墓地与南宋诗人范成大

蔺相如墓在邯郸县南，赵故城之西，相如故里的蔺家河村一座荒岗。蔺相如陵墓是一个数十亩大的丘陵地，没有翁仲，没有牌坊，也没有古松柏，只是隆起的一片荒地，当地称之为"荒岗"。早先，这一带村村有相如祠，直到如今，蔺家河南边的羌村还有相如庙一座。蔺家河村已没蔺姓，而姓王的是大户，传说秦灭赵后这个村姓蔺的都被杀光了。

1170年，即孝宗乾道六年，范成大被派以起居郎借资政殿大学士为"祈请国信使"，出使金国。范成大在出使期间，随时随地对事物进行观察，并以诗篇描写金国占领区人民的苦难的生活，抒发了自己的爱国思想和对南宋朝廷的批判。

范成大路过邯郸时，还到蔺相如墓祭奠。范成大在《蔺相如墓》一诗中写道：

> 玉节经行庑障深，马头酾酒奠疏林。
>
> 兹行壁重身如叶，天日应临慕蔺心。

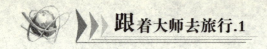

那时邯郸早已是北国领地，所以范成大来到这里说"虏障深"；他向疏林酹酒，祭奠蔺相如，说蔺相如以璧（实际亦是以国）为重，而把自己的生命置之度外，头上的天日也该敬慕蔺相如的爱国行动。

廉颇的墓也在附近，离蔺家河不远的孙庄，在邯郸城西南二十里。这是一个占地数亩的大土丘，丘上长满了杂草和小树。早先墓上有古碑，还有一座廉颇庙。现已拆除了。

罗敷的故乡邯郸县姜窑村与李白《春游罗敷潭》

罗敷，姓秦，名罗敷，一般都认为她只是一个文学作品中的人物，或以为罗敷是女子常用的名字，后多用为美丽而坚贞的妇女的代表。而现在已有学者寻找到罗敷的故乡在邯郸县姜窑村。

古乐府《陌上桑》描述秦罗敷在陌上采桑，被使君看中，要强娶她，她严词拒绝。另一首乐府名篇《孔雀东南飞》里也提到："东家有贤女。自名秦罗敷，可怜体物比，阿母为汝求。"唐代李白也写有一首《陌上桑》，诗曰："妾本秦罗敷，玉颜艳明都。"

只有崔豹在《古今注》中说罗敷是邯郸人。他写道："《陌上桑》者，出秦氏女子。秦氏，邯郸人，有女名罗敷，为邑人千乘王仁妻。王仁后为赵王家令，罗敷出采桑于陌上，赵王登台见而悦之。因置酒而欲夺焉。罗敷巧弹筝，乃作《陌上桑》之歌以自明，赵王乃止。"

《邯郸县志》提到了与罗敷有关的罗敷潭和龙兴寺："罗敷潭在城西北二十里，唐李白有游潭诗。今由其诗相见其地，惟今所称池者极相类，池在龙兴寺西……相传罗敷洗衣处也，亦说罗敷死难所也——罗敷为赵王所逼，投潭而死。"

邯郸县姜窑村位于紫山东麓的丘陵地带，村北有个龙兴寺。出村往西，有一条深深的狭谷。沿谷西上，走到狭谷的尽头，有一石底石壁的天然大池。池呈锅底形，占地约有一亩。每到夏季，池内碧水清澄，岸上野花飘香——这就是罗敷潭。李白在天宝初年曾云游邯郸，并到过罗敷潭。他写过一首《春游罗敷潭》诗：

行歌入谷口，路尽无人跻。

攀崖度绝壑，弄水寻回溪。

云从石上起，客到花间迷。

淹留未尽兴，日落群峰西。

李白对罗敷怀有深深的追慕之惰，他在罗敷潭流连很久，而游兴不减，只恨日落西山，暮露下降，才不得不离开。

学步桥与《庄子·秋水篇》

学步桥坐落在邯郸市区，南北横跨于沁河上，为连通北关的石桥。其规模并不大，但因建筑具有独特风格，尤其得名于"邯郸学步"的典故，使其颇有名气，以至扬名于国内外。

在沁河上，古时原有一座木质浮桥，据《邯郸县志》记载：每逢秋水暴涨，沁河两岸咫尺天涯，交通极为不便。明代万历四十五年（1617年）邯郸知县王日善主持建今日之石桥，成为当时邯郸城跨越沁河的唯一桥梁。

这座桥是以《庄子·秋水篇》记载的一个有名的历史故事而命名为学步桥的。故事说，春秋战国时代，赵国都城邯郸人的履十分优美，引起燕国寿陵少年的好奇，他们来到邯郸模仿学习邯郸人走路的样子，结果不但没有学会，反而连自己固有的步法也忘了，弄的不会走路，只好爬着回国。唐代诗人李白曾据这一典故写过："寿陵失本步，笑煞邯郸人"的诗句。后来人们就用"邯郸学步"比喻生硬效仿，没有学到别人的好东西，反把自己原来的一点长处也丢了。

学步桥全长三十五米，宽八点三米，通高四米，为一座三孔石拱券桥，每拱跨径六点二米。桥拱中心部位雕有俯视河面的龙头，三拱之间还有两个排水小孔。桥上两侧有石栏，两边各有十九根石柱。栏板每块长一点七米，高零点八米，浮雕有人物和走兽，形象生动。柱头上原雕刻有石狮，形态各异，制作精巧，可惜在"文革"中大多被砸毁。桥面原为石板砌成，在1958年铺设北关街柏油路时，也将其铺上了柏油。

新中国成立以后，邯郸市的规模日益扩大，市区内新建了许多大型桥梁，

跟着大师去旅行·1

59

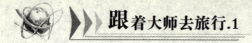
因此，学步在沟通沁河南北石市区交通上的作用自己逐渐降低，但它作为邯郸市的一处重要古代建筑，以其结构坚园，造型美观及得名于典故等却吸引着越来越多的游客光顾。

永年县城西南的毛遂墓

毛遂为战国时赵国人，平原君门下食客。赵孝成王九年（公元前257年），秦围邯郸，平原君到楚求救，毛遂自荐同往。毛遂到了楚国，见平原君谈判，谈了半天，因楚王惧怕秦国，还是不肯和赵国联合抗秦。这时毛遂按剑历阶而上，对平原君说："联合的利害，三言两语就可决定，为什么谈了半天，还决定不了？"楚王一见毛遂插话，厉声训斥道："还不下去！我正与你君谈话，你插什么言！"毛遂按剑来到楚王面前说："你所以敢训斥我，全仗你人多势重。此刻，十步之内，你的兵将并不保护你，你的命操在我手。"他威严地镇住了楚王，又说："楚国地大兵多，而屡受秦国之苦，连我们赵国都替你害羞，你为什么不思报仇呢？今日的谈判，实在是为了楚国，不是为了赵国啊！"这些话激起楚王对秦国的仇恨，达到联合成功。事后平原君说："毛先生以三寸之舌，强于百万之师。"这就是"毛遂自荐"的佳话，广传后世。

据永年县志记载："毛遂墓在城西南五里大堤内"出永年城往西南行，就会进入幽深的苇林。在苇林深处有一个土丘，高和横径都不过五六尺，坟头上长满了杂草。这就是毛遂墓。在五六十年前，墓旁还有一通石碑，碑高五六尺，碑文曰："毛遂先生之墓。"这从明崇祯年间，永年籍太、仆寺丞申佳允写的一首谒毛遂墓诗可得到证明：

一剑横阶气若何，平原轻侠尽消磨。

铜盘热血惊蛮楚，锥颖英魂壮滏河。

碑自苍苍看独峙，世多碌碌许谁过。

几回凭吊南郊墓，野树红光满碧萝。

"碑自苍苍"，大约就是指"毛遂先生之墓"碑吧。

易县荆轲山与荆轲的《易水歌》

荆轲刺秦王的故事，在中国是家喻户晓、妇孺皆知的。秦王政二十年（公元前227年）深秋的一天，在燕国的易水河畔，太子丹率领臣僚送行前去行刺秦王的荆轲。人们都知荆轲此去必难以生还，所有人都身着白衣白冠。荆轲的好友高渐离也赶来了。高击筑（一种古弦乐器），荆轲便和着苍凉悲壮的音韵，唱起了《易水歌》：

> 风萧萧兮易水寒，
> 壮士一去兮不复还！

悲壮的歌声使在场的人无不泪下。荆轲捧起燕太子敬的送别酒一饮而尽，手拉秦舞阳，跃上马车，头也不回，疾驰而去。

燕太子丹送别荆轲之处就在今天河北省的易县。因易水而得名的易县，位于北京西南一百多公里，是战国时燕下都的所在地。燕下都遗址在易县城东南十五华里。易水从西向东流经易县，哪里是当年燕太子丹送别荆轲的渡口呢？现已无从查考了。但是后人为怀念荆轲而建立的纪念物还有若干遗址可寻。

在易县城西五华里，有座海拔约百米的荆轲山。山顶是一块30平方米方圆的平地，有座砖石结构的13层高塔耸立在平地的中央。此即荆轲塔。

荆轲塔，八角13层，高24米，为砖石结构，造型典雅。塔门东南向，为砖券面，高15米，宽80公分。束腰上有仰莲托，顶有睡莲，上为一舍利封盖。原塔每层之八隅均悬风锋，可惜今已不存。

塔前有一高约33米的石碑，上刻："故义士荆轲里"，此碑由明御史熊文熙题。塔的四周还倒着几块残碑，其中有一块可依稀看出是供田光、荆轲、高渐离三义士的碑。

还有《重修圣塔院记》碑，从碑文看，塔下原有古寺，如今片瓦无存。清代碑文说："寺与塔为山而设，为荆轲而设也"，故称"荆轲塔"。

碑文还讲，历代骚人墨客来塔下凭吊荆轲时，多在圣塔寺休息和赋诗留

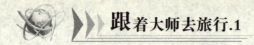

言，可惜寺院湮没，诗词也失传很多。

陶渊明曾写过《咏荆轲》一诗："……君子死知己，提剑出燕京……心知去不归，且有后世名其人虽已殁，千载有余情。"唐代诗人骆宾王也曾写过一首《易水送别》诗："此地别燕丹，壮士发冲冠。昔时人已没，今日水犹寒。"不知诗人可曾来过这里？

距荆轲山东南约五华里，有一个叫血山的村子，据说那里就是樊於期居住并自刎的地方。村后有一座小山，叫樊馆山。山上有一小型的三层石塔，名为镇陵塔，顶已毁，塔的第一层有一空室，原先室内供有一座汉白玉的樊於期雕像，头是木制的。雕像现已不存在了。后人还在燕子城（今易县燕子村）为燕太子丹造了燕子塔。另外，在荆轲塔西南还有黑塔、白塔，传为纪念左碧桃、羊角哀而建。

荆轲、燕子、镇陵及黑、白五塔，建筑风格各异，犹如五尊巨像屹立在易水河畔，皆靠近易州城，被颂为"五塔镇燕山"。

山西文化名胜

太原与李白、司马光、杨基等文学家

唐代大诗人李白（701–762），于736年夏应友人的邀请到太原，到秋季时便写了《太原早秋》这首怀乡之作：

> 岁落众芳歇，时当大火流。
> 霜威出塞早，云色度河秋。
> 梦绕边城月，心飞故国楼。
> 思归若汾水，无日不悠悠。

宋代史学家、文学家司马光曾写有《晋阳三月未有春色》一诗，晋阳，今太原。该诗曰：

> 天心均煦妪，物态异芬芳。
> 上国花应烂，边城柳未黄。
> 清明空放入，元己漫浮觞。
> 仍说秋寒早，年年八月霜。

明代诗人、"吴中四杰"之一、山西按察使杨基的《太原春日郊行》一诗，以轻快的笔调，勾画出一副城郊春游图：

> 履齿车轮更马蹄，绿莎随处踏成蹊。
> 无人为惜闲花落，有暇来听好鸟啼。
> 步屧爱沿流水曲，襟怀高与众山齐。
> 诗成谁复吹箫和，却向藤萝石上题。

晋祠与李益、范仲淹、欧阳修等文学家

晋祠，在今太原市西南约五十里悬瓮山下晋水发源处。周初成王封弟叔虞于唐，叔虞之子燮父，迁晋水旁，更国号为"晋"。晋祠为叔虞祠所在，故名。有周柏、唐槐、智伯渠等古迹。历代增修，为太原一带最重要的名胜游览区。其中圣母殿有宋代的经美仕女塑像数十座，尤为珍贵。

唐诗人李益（749-829），曾写有晋祠春日景色的诗春日晋祠同声会集得疏字韵：

> 风壤瞻唐本，山祠阅晋余。
> 水亭开帘幕，岩榭引簪裾。
> 地绿苔犹少，林黄柳尚疏。
> 菱若生跤镜，金碧照澄虚。
> 翰苑声依旧，宾篷醉止初。
> 中州有辽雁，好为系边书。

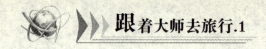

宋代名家范仲淹（989-1052）的《题晋祠》一诗，既赞赏了晋祠风物之美，也表现了作者对民生疾苦的关心：

神哉叔虞庙，地胜出佳泉。

一泽甚澄潮，数步忽潺湲。

此意谁可穷，观者增恭虔。

锦鳞无敢钓，长生如水仙。

千家溉禾稻，满目江乡田。

我来动所思，致主愧前贤。

大道果能行，时雨宜不愆。

皆如晋祠下，生民无旱年。

欧阳修（1007-1072），宋代优秀作家、文坛领袖。他的《秋游晋祠》写道：

古城南出一里间，鸣渠夹路何潺潺。

行人望祠下马谒，退即祠下窥水源。

地灵草木得余润，郁郁古柏含苍烟。

并州自古多豪杰，战争五代几百年。

天开地辟真主出，犹须再驾方凯旋。

顽民尽迁高垒削，秋草自绿埋空阡。

并人昔游晋水上，清澈照耀涵朱颜。

晋水今人并州里，稻花漠漠浇平田。

废兴仿佛无旧志，气象寂寞于山川。

唯存祖宗圣功业，干戈象舞被管弦。

我来览登为太息，暂照白发临清泉。

鸟啼人去庙门闾，还有山月来娟娟。

于谦（1398-1457）曾任山西巡抚。他在《忆晋祠风景且以致望雨之意》一诗描写了晋祠的绚丽风光，也表现了关心人民的感情：

> 悬瓮山前景趋幽，邑人云是小瀛洲。
> 群峰环耸青螺髻，合涧中分碧玉流。
> 山涧神龙和雾起，凌波仙女弄珠游。
> 愿将一掬灵祠水，散作甘霖遍九州。

朱彝尊还写过《游晋祠记》。

元好问墓

元好问（1190-1257），金末元初的伟大诗人，字裕之，号遗山。山西秀容（今山西忻县）人。金时曾任行尚书省左司员外郎等职。金亡不仕，归乡隐居。他的诗文，在金、元之际颇负重望。诗词风格沉郁，多伤时感事之作。有《论诗》绝句三十首，主张崇尚天然，反对雕琢，在文学批评史上有重要地位。著有《遗山集》，编有金诗总集《中州集》《辑录词集》《中州乐府》。

元好问的故里及其坟墓在山西省忻州市南郊韩岩村北。在元好问墓地旁，有野史亭，元好问晚年自建，为其读书、编史、写诗之处。它是一座木构亭式建筑。如今看到的野史亭，是民国二十年在旧址重建的。亭子建于院中央的一处高台上。顶部为六角攒尖式，显示出稳健、古朴、端庄。在亭子中央，嵌有元遗山石刻画像。左右两侧，是元好问手迹碑刻六种。野史亭北侧有大厅三间，取名"青来轩"。青来轩内，厅壁嵌满历代凭吊元遗山的诗章，在中厅和大门两侧，还有数间房舍，为韩岩村小学教室。

野史亭西是元好问墓。墓呈圆形，外砌石块。墓周围以土墙，门上镌刻有"元墓"匾额。墓碑前，有石桌、石香炉陈列。墓前东侧有元代大德四年撰立的《遗山先生墓铭》石碑一块。墓前，有过厅三间，厅外东、西有元代石刻文臣人像，列于石铺通道两侧。通道南有砖砌成门楼，整个墓区占地共计3100多平方米。

跟着大师去旅行·1

65

木芝村貂蝉故里

貂蝉，中国古代四大美人之一，古籍上虽没有记载，但文学作品中多有描述，为汉末三国纷争中重要人物之一。尤其罗贯中的《三国演义》对貂蝉作了进一步的描写和刻画，影响颇大。据考证：貂蝉，任姓，小字红昌，出生在并州郡九原县木耳村，15岁被选入宫中，执掌朝臣戴的貂蝉（汉代侍从官员的帽饰）冠，从此更名为貂蝉。汉末宫廷风云骤起，貂蝉出宫被司徒王允收为义女。不久董卓专权。王允利用董、吕好色，遂使貂蝉施"连环计"，终于促使吕布杀了董卓，立下功勋。之后，貂蝉为吕布之妾。白门楼吕布殒命，曹操重演"连环计"于桃园兄弟，遂赐予关羽。貂蝉为不祸及桃园兄弟，"引颈祈斩"被关羽保护逃出，当了尼姑。曹操得知后抓捕貂蝉，貂蝉毅然扑剑身亡。

貂蝉故里在忻州市东南三公里的木芝村，位于从太原或忻州去禹王洞的途中。木芝村原盛产木耳，故名木耳村，后因村中槐树下发现一株千年灵芝，遂改名叫木芝村。村中传闻，早在貂蝉出生前三年村里的桃杏就不开花了，至今桃杏树依然难以成活，是说貂蝉有羞花之貌的缘故。村中原有过街牌楼、前殿、后殿、王允街、貂蝉戏台和貂蝉墓。但这些建筑都成了废墟，墓冢在浩劫中又夷为平地。遗址中常有古代砖、石构件、铜币、陶瓷残件出土，据说都与貂蝉有关。现建有"貂蝉陵园"，是近年乡民在墓地原址上复原筑砌的。陵园位于村之西南，占地面积4000余平方米，四周围以红底黄瓦波浪式龙形围墙，在麦海茫茫中，光艳夺目。门檐上悬"貂蝉陵园"横匾，两侧有"闭月羞花堪为中国骄傲；忍辱步险实令须眉仰止"金文楹联。陵区北院内建拜月亭和凤仪亭，后部建青石墓台，台前有貂蝉像碑，在飘带动态下，貂蝉步履闲雅，婀娜多姿，犹有"闭月羞花"之貌。南院建仿古建筑20间，辟为"貂蝉彩塑馆"，反映貂蝉"不惜万金躯，何惧险象生"惊天动地的一生。

杨家祠堂与《杨家将》

杨业，又名杨继业，山西代州人。为五代时北宋抗辽名将。杨继业、杨延昭等祖孙三代赤心卫国，气节感人。民间艺人编成"杨家将"故事广为流传。

杨家祠堂在山西代县城东二十公里鹿蹄涧村，是北宋名将杨业故里。北宋太平兴国二年（977年），杨业率领数百骑破辽兵，威震中原，乡人于此祀之。元代时杨家将十七世孙奉旨建祠，明清时有修葺。祠堂坐北朝南，对面有楼台三间，门据上悬一块盘龙蓝底竖匾，上书"忠武祠"三个金字。前檐悬挂三块横匾，分书"奕世将略"、"一堂忠义"、"三晋良将"。祠宇规模，分前后两院，前院四间，各建堂屋三楹，奉祠杨业后裔；后院东西厢舍三间，正殿五楹，内塑杨业和佘太君坐像。杨业方面长须，身着红袍，手扶腰带，稳坐高背椅上；佘太君身穿绣凤红袍，神采奕奕。八子彩塑分列两侧，塑像形态逼真，保存完好。祠内一通"宗祖国"碑，铭刻杨业后裔世系。

大殿前竖有一块形状奇特，雕刻秀美的鹿蹄石。相传杨业十四孙杨友，镇守代州时，一日外出打猎，射出一梅花鹿，鹿带箭而逃，至今鹿蹄涧村时，忽钻入地下，经挖掘，得奇石一方，上刻梅花鹿带箭，并踏有蹄印，即移祠内，村亦由此得名。清代有人写诗道：

仙鹿留蹄去未回，巍峨祠宇建山隈。

令公自是能全节，炎宗何曾识爱才。

遗甲至今留战血，荒碑何代长霉苔，

楹联题额纷无数，名宦诗人几溯回。

杨业祠在全国共有三处：一处在北京密云县古北口；二在河南密县（原称"二郎庙"）；三是在此处，均比前二处大得多。

曲沃宜园与顾炎武《赠卫处士嵩》

顾炎武（1613-1682），初名绛，字宁人，明亡后，改炎武，江苏昆山亭林镇人，明末清初思想家、学者和诗人。清兵南下，曾参加苏州、昆山一带的抗清起义。失败后，其继母绝食自杀，并留有遗训："勿为异国臣子。"于是，顾炎武遍游华北，访问记录各地风俗民情。他一生坚持民族气节，义不仕清，并进行反清活动。

顾炎武于康熙元年（1662年），五十岁时始，旅游山西数十次。他非常仰慕曲沃的名士卫嵩。卫嵩，原名麟贞，字瑞明，别号绛山。顾炎武为了能与卫嵩常有来往，特住进了友人韩进士韩宣的宜园。韩宣的宜园，在曲沃城南的韩村。顾炎武曾有一诗送卫处士，即《赠卫处士嵩》，抒发了他们的友情和共同的心愿：

> 抱疾来河东，息此浍水傍。
> 寒禽绕疏枝，百卉沾微霜。
> 幸逢同方友，典坟共相将。
> 逢萌既解冠，范丹亦绝粮。
> 弦歌足自遣，感慨论百王。
> 王猛遂顿首，孝献封山阳。
> 一身殉社稷，自古无先皇。
> 与君同岁生，中年历兴亡。
> 衰迟数侪辈，落落晨星行。
> 振怀正郁悒，矧乃多病妨，
> 著书陈治本，庶以回穹苍。
> 遥遥千载心，眷眷桑榆光。

顾炎武在康熙二十一年就卒于曲沃韩家的宜园，韩宣为他棺敛，并且抚养顾的幼子，送顾的棺木回南。顾炎武的《日知录》就是在宜园完成的。

永济鹳雀楼与唐诗人王之涣等

鹳雀楼是北周将军宇文护所造。据宋沈括《梦溪笔谈》卷十五称："中府（今永济县）鹳雀楼三层，前瞻中条，下瞰大河。"旧楼在郡城西南，黄河中高阜处，时有鹳雀栖其上，遂名其楼为鹳雀楼。唐代鹳雀楼，名声极盛，许多唐诗人曾登楼赋诗。元初次楼毁坏，遂移其榜匾于西南城楼上。

唐诗人李益的《鹳雀楼》、畅当的《登鹳雀楼》、耿炜的《登鹳雀楼》、马戴的《鹳雀楼晴望》、吴融《登鹳雀楼》等都是歌咏鹳雀楼的。而王之涣的《登鹳雀楼》，当以为冠。

王之涣（688-742年），字季陵。唐络绛州（今山西新绛县）人，先后作过衡水县（今河北冀县）主簿和文安县（今河北文安县）尉，中间弃官家居十五年。他仅存诗六首，而七绝《凉州词》和五绝《登鹳雀楼》，却都是盛唐诗歌的代表作品。

他的《登鹳雀楼》，前两句写自然景色的壮丽，后两句发人深省，短短二十个字，却是千古绝唱：

> 白日依山尽，黄河入海流；
> 欲穷千里目，更上一层楼。

司马札是唐宣宗大中（847-860）时代的诗人。《全唐诗》存其诗三十九首。他写了《登河中鹳雀楼》一诗，是他漫游路过蒲州时所作，前四句描写了登楼所见的景色，后四句抒发了今古兴亡之感：

> 楼中见千里，楼影人通津。
> 烟树遥分陕，山河曲向秦。
> 兴亡留白日，今古共红尘。
> 鹳雀飞何处？城隅草自春。

张乔是唐池州（今安徽贵池县）人。宣惠宗威逼年间进士。后隐居九华山（今安徽青阳县西南四十里）而终。有诗二卷。他写的《题河中鹳雀楼》一诗，情调低沉，一片悲凉，反映了晚唐混乱的时代风貌：

> 高楼怀古动悲歌，鹳雀今无野雀过。
> 树隔五陵秋色早，水连三晋夕阳多。
> 渔人遗火成寒烧，牧笛吹风起夜波。
> 十载重来值摇落，天涯归计欲如何？

永济王官谷与诗论家司空图

司空图（837-908）唐诗人、诗论家。字表圣，唐河中虞乡（今山西永济县东虞乡旧城）人。咸通进士，官至中书舍人、知制诰。后隐居中条山王官谷，自号知非子、耐辱居士。他以诗歌理论见称于文学史，有《二十四诗品》传于世，颇有影响。有《司空表圣文集》《司空表圣诗集》，为后人所辑。

黄巢起义后信宗逃到了宝鸡，司空图见时事混乱，便回家乡隐于中条山王官谷。王官谷由于司空图在此隐居，因此很有盛名。这里的风景也很秀丽，松竹成片。谷内有天柱峰，峰左右有两瀑布飞挂，俗称双瀑布。冬天涓涓一线，春夏飞湍直下；远望如垂天白练，近视则珠玉喷跳。二瀑布经休休亭（司空图所命名）前合流出谷，此溪流即为贻溪，溪水散入田间，以灌溉良田。谷中还有濯缨亭。后人还建有表圣祠。可惜至今许多景点已不存在了。

《退栖》一诗是司空图刚退出官场、回乡隐居时所作。诗中委婉地表现了作者对当时污浊政治的厌恶和险恶官场的危惧，宁愿退隐来求得解脱，而不是沽名钓誉，走"终南捷径"。

> 宦游萧索为无能，移住中条最上层。
>
> 得剑乍如添健仆，亡书久似失良朋。
>
> 燕昭不是空怜马，支遁何妨亦爱鹰？
>
> 自此致身绳检外，肯教世路日兢兢！

宋代人雷临，生平不详。他写了《王官瀑布》一诗，历代游王官谷的人，多迷恋于它的幽静，而雷临这首诗却注意到王官溪水对农业的实际利益。

> 区区奔走漫华巅，一别王官十四年。
>
> 绿玉峡中喷白玉，溉田浇竹满平川。

宋代人俞充，字公达，明州郫县（今浙江宁波）人。曾任虞乡县令。虞乡南中条山中有王官谷贻溪（司空图所命名），在王宫谷内。俞充在任期间，曾登王官谷谒表圣祠，作《王宫十咏》和《贻溪怀古》十篇。俞充写有《贻溪怀谷·东渠台》一诗。这首诗即写司空图为解决居民争水纠纷，创立分水法这件事，而表示怀念的。

> 二渠日夜流，利厚争所起。
> 先生坐东亭，立法书在纸。
> 老农到今守，后来谁敢毁！
> 斯人不可见，空听竹间水。

　　明代学者、诗人吕柟，曾写有《王官谷记》一文，详尽地描绘了游历王官谷的经过，并描绘了玉皇阁、休休亭、了了亭、白云洞、石泉洞、表圣祠、秦王砚、苍云洞、聚仙堂、瀑布、灌英池、仙姑洞、八仙洞等名胜。

　　周景柱，清浙江遂安人，任过蒲州知府。他曾写有《王官谷怀司空侍郎》一诗，这首诗凭吊司空图的故乡，赞叹司空图不随波逐流、洁身自好的品格。

> 王官高隐处，千载怀司空。
> 旧迹迷春草，孤标羡冥鸿。
> 浮云双过鸟，飞瀑两垂虹。
> 亭上绥堪灌，临流独溯风。

永济普救寺与元代作家王实甫的《西厢记》

　　普救寺，位于山西永济县西北12公里的黄土丘上，它东濒连绵起伏的中条山脉、南邻古风犹存的蒲坂遗址，西连波涛汹涌的黄河。

　　据寺内残存碑文和永济县志记载，普救寺创建于唐代武则天时（684-704），距今约有1300年的历史，它最初叫作"西永清院"，自五代的汉、周之际，改称普救寺。传说五代时，河东节度使李守贞造反，后汉派遣郭威讨伐，因防守坚固，整整围困了一年，仍未能攻克。郭威招来西永清院的僧人询问良策。僧人回答说：

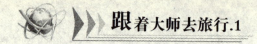

"将军发善心，城即克矣。"郭威心领神会，当即折箭为誓，保证不杀一人。第二天，城果然被攻下，郭威率军进城后，恪守誓言，不抢劫，不掳掠，使金城百姓士卒免遭一次大的兵祸。从此，"普救寺"就把西永清院取而代之了。

在唐代普救寺就已闻名。普救寺前峨崛岭下即是通往唐首都长安的大道，黄河以东各州举子赴京应试，路经此寺，无不游览题咏。唐诗人杨巨源（永济县人，曾为礼部员外郎等官）就有《同赵校书题普救寺》一诗，描绘了唐代时候的普救寺一带的美丽风光：

> 东门高处天，一望几悠然。
> 白浪过城下，青山满寺前。
> 尘光分驿道，岚色到人烟。
> 气象须文字，逢君大雅篇。

元代文学家王实甫《西厢记》作品中的故事情节发生地就在普救寺。普救寺因与轰动600多年的杰出反封建爱情剧《西厢记》有关而扬名天下。故事的引出是书生张生在普救寺与崔相国之女莺莺邂逅，产生爱情，由侍女红娘从中协助而结合。

普救寺原有大佛殿、天王殿、关公庙、东西厢房等三百余间建筑。西厢房墙外是一座花园，园中有塔一座。现普救寺多数建筑已倒塌，仅有一座莺莺塔还巍然屹立。塔高50余米，四角十三层，原名"舍利塔"。塔底层门向南开，塔内正面设有佛龛。从二层至九层有转角甬道，游人顺着甬道盘旋而上，可以登高远眺。自从这里发生了红娘月下牵线，张生与崔莺莺喜结良缘的动人故事后，舍利塔就改称为"莺莺塔"，成为崔张真挚爱情的见证。

张生与莺莺初次邂逅的佛殿，月下联吟的墙角，莺莺听琴的书房，待月西厢的花园，难分难舍的饯别长亭等遗址犹在。

今天的普救寺，已根据古代形制规模，重新得以修复。普救寺寺址高耸，松柏满垣，西濒汹涌澎湃的黄河湾，东邻巍峨耸峙的雪花山，景色不凡，是当今人们乐于探访的一出风流胜地。

黑龙江省文化名胜

萧红故居与呼兰公园

萧红（1911-1942）是一位20世纪30年代名扬中外的著名爱国的现代女作家。原名张乃莹，出身乡绅之家。她以其短暂的生命，给世人留下了长篇小说《生死场》《呼兰河传》《小城三月》以及散文《商市街》等近百万字的作品。在反帝反封建的民族解放运动中，萧红成了著名左翼女作家，受到鲁迅、郭沫若、茅盾等文学泰斗的称赞和广大读者的喜爱。

萧红1942年逝世于香港。

她侨居香港，怀着浓厚的乡情，创作了著名的长篇小说《呼兰河传》。她写了呼兰河人们的愚昧落后，也写了呼兰河人们的觉醒抗争。从此呼兰河也受萧红《呼兰河传》的影响而蜚声海内外。

萧红故居在呼兰县城内东南隅文化街29号。大门上方有"萧红故居"四个大字的匾额。

萧红故居，经修复于1986年6月，萧红诞辰75周年时，故居作为纪念馆开始接待游人和海外友人。

萧红故居原占地面积7125平方米，有房舍30间，分东西两个大院。东院是萧红自家人居住的地方，西院是长工、佃农居住的地方。现存五间正房和近800平方米的院落，在四合院中五间青灰色的砖瓦房。房屋属满族建筑。萧红就是在这里度过了她的少女时代。故居院中至今仍存有一棵大树，萧红幼时常在这棵树下玩耍。

走进五间正房，可以看到这是一个充满东北乡土气息的家庭。中间厨房，高高的灶台里放着一口大铁锅。东西各两间住房里有砖砌的火坑和萧红童年时代用过的饭桌、书柜、梳妆台等13件遗物。最引人注目的便是萧红童年时代的生活照。她三四岁时与生母在一起的照片聪颖可爱，她十几岁时，则是一副美丽大方的模样，那笔直的鼻梁、微微上翘的嘴角显示出她坚强果敢的性格。

故居展室里，加拿大华裔女作家陈若曦写道："《呼兰河传》启发了我对东北的兴趣和向往。"瑞士华裔女作家赵淑侠泼墨："人思故土，马恋旧林，白山黑水，我当再来。"

在萧红故居五间房的后面是一块近2000平方米的花园。这花园不仅给了童年的萧红无穷无尽的乐趣，而且给了她艺术熏陶。这后花园西墙中段的磨房，便是萧红笔下磨倌冯歪嘴干活的地方。

西院的住房，则是萧红的作品《呼兰河传》中胡家团圆媳妇等人生活的地方。

呼兰公园由于被萧红写进了《呼兰河传》，因此也有了名。呼兰公园坐落在呼兰镇大十字街西端的高岗处，占地156公顷。它始建于1915年，是黑龙江省县城中最先建起的公园。公园里花草繁盛，林木葱茏。现在花窖的北面，原有一座俱乐部，萧红在这里演过戏。

萧红家乡的人民和政府为纪念萧红，投资捐款修复了萧红故居，还在呼兰县西岗公园内修建了萧红墓和萧红纪念碑。

五国城与徽宗、钦宗的故事

辽金之际的"五国城"，故址在今依兰县城北，与依兰县城毗邻，北濒松花江南岸。五国城是北宋王朝徽宗、钦宗被金人俘虏后的最后流放地。他们先后死在这里。史书和传奇文学中提到的五国城，便是此地。

五国城距今已千年，残缺城址呈长方形，长850米，宽450米，周长2600米。

至今依兰民间仍流传着五国城与徽宗、钦宗的故事。金代天会五年（1127年），金军攻占了北宋都城汴梁（今开封），掠去徽宗和钦宗二帝至金上京城（今黑龙江省阿城县白城），于1130年囚禁于五国城。徽宗死于1135年。钦宗死于1156年。据传宋徽宗在被囚期间曾写过一首诗，道出了他的悲凄心绪：

彻夜西风撼破扉，
萧条孤影一灯微，
家山回首三千里，

目断天南无雁飞。

宁古塔的著名诗人吴兆骞

宁古塔，是满语"六个住处"的意思，相传清室初祖有兄弟六人居此。

据《盛京通志》记载："宁古塔旧城，在海兰河（今海浪河）南岸。有石城（内城）高丈余，周围一里，东西各一门。城外边墙周围五里余，四面四门。"石城，即宁古塔旧城。康熙五年（1666年）旧城废，新城迁到东南50里，即今宁安。

自清初顺治年间，宁古塔便成为朝廷"罪人"的流放地。许多学者文人和被罢官的官员先后被遣谪到宁古塔旧城。这些"罪人"中，有一位著名的词人吴兆骞。

吴兆骞（1631–1684），字汉槎，江苏吴县人。少颖悟，有隽才。顺治十年（1653年）虎丘社集中，曾与著名诗人吴梅村学士"即席唱和，学士磋叹，以为弗及，一时名噪吴下"。吴梅村将他与陈其年、彭师度，并誉为"江左三凤凰"。

顺治十四年，吴兆骞乡试中举。不久南闱科场案发生，衔冤入狱，并被流放至宁古塔。诗人吴伟业做了《悲歌送吴季子》一诗，送别诗中哀叹"生男聪明慎勿喜，仓颜夜哭良有以，受患只从读书始。君不见，吴季子！"（见《梅村家藏稿》）悲痛至深。吴兆骞也写了将赴辽左留别吴中诸故人，吟唱着"只应一片江南月，流照飘零塞北人"的凄凉诗句离京。

至宁古塔，以授徒为生，开教化之功。他还与流人张缙彦、方拱乾父子、姚其章、钱威等七人组成"七人诗会"。他的《登西阁》一诗描绘了长白积雪大荒云天的雄奇景象，抒发了投身军旅的豪情壮志：

> 高阁秋风早，凭轩晓色分。
> 半空长白雪，极目大荒云。
> 久戍应沉命，孤征敢念群。
> 还怜豪气在，长啸学从军。

吴兆骞才学影响到朝鲜。朝鲜节度使李云龙，以兵事至宁古塔，特请吴兆

跟着大师去旅行·1

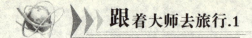

骞写《高丽王京赋》。吴欣然命笔，"草数千言以应"，李云龙为吴兆骞的绝代才华与敏捷诗思所震惊。

当时镇守宁古塔的黑龙江将军巴海，很敬重流放到东北的文人，吴兆骞尤其受到照顾，吴兆骞曾受聘担任过巴海的书记官。当时沙俄东侵之时，东北边境常有战事。东北的流人仍不免要充役，或被编入行伍。吴兆塞也曾被派往乌拉地方充军，将军巴海得知后，派人将他追回。

康熙二十年（1681年）冬，吴兆骞为友人营救，结束了二十三年的塞外生活，回到京师，在词人纳兰容若家设馆。在康熙二十三年十月病逝，年五十四岁。遗著有《秋笳集》《归来草堂尺牍》等。

泼雪泉与清诗人张缙彦、张贲

宁安县城西山下大石侨北，有一泉。泉水从石隙中涌出，细流涓涓，凌冰破雪，流入牡丹江。西山摩崖石壁上，勒有己酉岁河朔张缙彦题"泼雪泉"三个大字。

张缙彦（1599-1670），字坦公，自号外方子，河南新乡人。明崇祯十六年（1643年）曾任兵部尚书，顺治十八年（1661）年以事流放宁古塔，康熙九年卒于戍所，有《宁古塔山水记》《域外集》等。

泼雪泉原无名称，张缙彦见此泉"凌冰破雪，涓涓之流，直达长河"，有如一道道长泼出的雪痕，因而名之，并于康熙八年（1669年）八月请匠人在泉水附近石壁上勒石。此后，泼雪泉成为流放文人冬集会宴饮之地。

其后，浙江流放诗人张贲，见泉水乱玉飞花，珠倾露滴，潺潺有声，忽然想起杜甫的诗句："风磴吹阴雪，云门吼瀑泉"，觉得此境仿佛似之，于是决定更名为吼瀑泉，并咏之云：

> 西寺西偏胜，涓涓吼瀑泉。
> 阴崖流石隙，坼地道江边。
> 玉乱飞花碎，珠倾滴露圆。
> 莫教牵犊饮，欹枕傍高眠。

宁安抱江楼与吴大澂的题壁诗

吴大澂，字清卿，清末任督办吉林边务大臣，工篆书，善诗文，是著名的金石学家。他反对沙俄侵越边界，抗议葡人占官地，抵抗日本侵略军，是一个爱国者。1931年黑龙江省穆棱县兴源乡民，为纪念吴大澂垦边安民的功绩，竖立了《吴恪斋中丞筹边遗迹》碑。此碑现存兴源乡政府院内。

吴大澂于光绪六年（1880年）以钦差来到宁安县，坐镇宁古塔，督办宁古塔、三姓、珲春防务和屯田事宜。他依牡丹江畔筑楼，以为行馆，名之曰抱江楼，至今犹在。

光绪九年（1883年），吴大澂奉命驻防天津，于是离开了宁安。光绪十二年（1886年），中俄珲春勘界，他作为全权代表前往勘界，再次来到宁古塔，并与故友容峻峰重逢，共叙旧情，同登抱江楼。一时诗兴大发，题诗于横木，悬之，名《抱江楼题壁诗》。诗云：

> 忆昔临江筑小楼，与君搏酒话中秋。
>
> 自从一去三年别，那想重来两日留。
>
> 旧事思量纪龙节，新图商榷定鸿沟。
>
> 国恩未报归程远，敢把闲情寄白鸥！

杨子荣烈士墓与曲波的《林海雪原》

为纪念在解放战争期间牺牲于剿匪战斗中的侦察英雄杨子荣等烈士，1970年7月在海林县海林镇东山上，建起了杨子荣烈士陵园。陵园里立纪念碑，碑高10米，基座阔15平方米，用花岗岩筑成。纪念碑背面刻有杨子荣等42位烈士的名字。整个陵园青松翁郁，庄严肃穆。

杨子荣墓坐落在纪念碑东侧，墓前有碑，碑高31米，象征英雄牺牲的年龄31岁。

1978年，扩建了400平方米的"杨子荣烈士纪念馆"，陈列杨子荣等烈士生

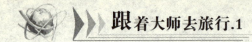

前的文物、图片等。如当年《东北日报》头版刊登独胆英雄杨子荣活捉顽匪座山雕的报纸复制品等。威虎山即在此附近。

杨子荣（1917–1947）是山东省牟平县人，他参加八路军后，英勇善战，屡建功勋。1946年初清剿林口县杏花村的土匪时，久攻不破。他只身闯入匪穴，展开宣传攻势，迫使匪首许大虎率匪放下武器，举手投降，杨子荣立特等功。1946年冬在剿除海林县夹皮沟"座山雕"老巢时，他装扮成土匪，只身闯入匪穴，摸清了土匪情况，里应外合，智擒了罪恶满盈的"座山雕"和"八大金刚"。这些杨子荣的可歌可泣的英雄事迹在长篇小说《林海雪原》的"杨子荣舌战小炉匠"等故事情节中都有淋漓尽致地描绘。

1947年2月，杨子荣在追剿残匪的战斗中，牺牲在夹皮沟，时年31岁。东北军区司令部授予他"特级侦察英雄"称号。人们永远怀念他。

曲波根据杨子荣的剿匪英勇事迹创作了长篇小说《林海雪原》，受到广大人民群众的欢迎。

吉林文化名胜

长春南岭与金毓黻

金毓黻（1888–1962），字静庵，号千花山民，辽宁辽阳人。历任奉天省议会秘书、东北政务委员会秘书、辽宁省政府委员兼教育厅长、辽宁省政府秘书长等。东北史专家，著有《东北通史》等。

金毓黻于1925年左右，在长春与顾晋昌、王化宣、李厚民、朱吉甫、李蓬仙诸诗人结识，并参加吉林冷社，往返吉长两地，吟诗集会，颇极一时文酒风流之盛。也许因为金毓黻是辽阳人，而顾晋昌为台安人，所以金与顾友情更深。我们从顾晋昌的《鸡塞集》中，可以看到金毓黻与顾晋昌的往来诗，唱和不断。金毓黻曾忆道："余初识君于长春，时君年五十，目炯炯而神奕，意气无殊少年……"而逢金毓黻的父亲七十大寿，顾晋昌撰写《寿金静庵封翁七十》组诗，"吟诗祝大年"。后来，金毓黻为奔亲丧，而离长春去沈阳，顾晋昌在《送社友金静庵之沈阳》一诗，写道："君客辽东我南岭，再相逢处是何年"，流露出一片依恋之情。

顾晋昌时任长春南岭军械库主任，故金毓黻常在长春南岭与友人集会题诗唱和。一日，冷社诸诗人同游南岭，留寓小饮，并赋诗酬和，现录金毓黻与顾晋昌唱和诗如下：

《原韵》金静庵

消夏来观岭上营，旌旗昼掩野云生。
抱关人向兵间老，夹径花从剑外明。
旖旎风光怜白发，药鲈滋味饱青精。
素心遮莫殚今日，珍重秋深再举觥。

《和金静庵原韵》顾晋昌

十载羁栖细柳营，依然戎幕老书生。
未登廊庙怜才础，欲隐林泉耻圣明。
今日抱关藏计拙，终朝闭户养心精。
兴来雅集良朋饮，把酒联吟醉数觥。

康熙咏吉林的《松花江放船歌》

康熙皇帝（1654-1722），曾多次东巡来到自己祖先的发祥地——东北，并留下了反映东北的大量诗篇。《松花江放船歌》这首诗是康熙写于1682年东巡到吉林时所作。诗中生动地描绘了松花江的自然美，并表现了诗人对于作为自己祖先发祥地的山水的热爱：

松花江，江水清，
夜来雨过春涛生，

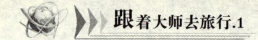

浪水叠锦绣毂明。

彩帆画鹢随风轻，

策韶小奏中流鸣，

苍岩罩壁两岸横。

浮云耀日何晶晶，

乘流直下蛟龙惊，

连樯接舰屯江城。

貔貅健甲皆锐精，

旌旄映水翻朱缨，

我来问俗非观兵。

松花江，江水清，

浩浩瀚瀚冲波行，

云霞万里开澄泓。

北山与"松江修暇诗社"、"冷社"、"江天社"

民国以来，吉林较早的诗社是"雪蕉诗社冷社"、"江天诗社"。

松江修暇社是郭宗熙任吉林省长期间所组织的诗社，成立于民国之初。松江修暇社宴游、酬唱主要活动于吉林北山、龙潭山等名胜风景区，因而吉林的山水风光成为诗人吟咏的对象。诗社成员之一，栾骏声在《夏日赴约登北山》一诗，他这样描写北山的：

石扇中开天一方，偶携吟榼涤尘黄。

百年辞赋兰成梦，四壁江山古达乡。

地僻能容松影直，雨余微觉草痕凉。

野僧手植花盈亩，幻作池莲浥浥香。

另一位诗社成员瞿方梅在《北山看红叶》一诗中，写了秋天北山的景象：

吾昔守五常，逢秋辄飞鞚。

十里看红叶，红叶宜早冻。

色色相互郁，状态不可讼。

染羽翔考工，钟氏失其用。

画师得欧法，此妙喻南共。

今年登北山，谓足恣吟弄。

坐惜霜落迟，往事真成梦。

吉林冷社和江天社诗人顾晋昌的《北山晚眺》一诗，写出了北山的月明之夜：

高陟危峰顶，乾坤一览中。

山横平野绿，日照大江红。

逸兴三湘远，豪吟四海空。

当头明月上，破浪乘长风。

江南公园与诗人顾晋昌

江南公园在吉林市吉林大桥南端西侧。始建于光绪二十四年（1908年），宣统元年（1909年）大雨成灾，松花江水暴涨，江南公园几成泽国。1950年辟为植物园，1952年增设动物园，1956年正式对外开放。公园占地46公顷。

吉林冷社和江天社成员顾晋昌（1871—？）著有《鸡塞集》。集中有夏日与安瑞珊、顾锡五、方毅夫、曲靖倩、郭赞武游吉林江南公园一组诗：

其一

良朋雅集摸清谈，雨霁山光翠若岚。

闻说公园风景好，买舟共坐渡江南。

其二

花映楼台柳映堤，绿阴无际草萋萋。

81

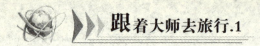

频来细雨谁家燕，非入池塘啄絮泥。

其三

更上层楼豁远眸，凤墙高下倚滩洲。
怪来此地城堪守，天险长江绕郭流。

其四

绿槐高挂夕阳残，谷口云归鸟噪阑。
游罢兴余同写照，留存六逸镜中看。

辽宁文化名胜

东陵与电视片《努尔哈赤》

沈阳东陵，即沈阳福陵，是大清帝国创业的第一代帝王努尔哈赤和他后妃的陵墓，位于浑河岸北，天柱山上。因其位于沈阳市东郊，故亦称东陵。福陵由前往后，地势渐高。沿一百零八蹬台阶拾阶而上，到达一块平整的台地，这就是陵墓建筑的主要所在。福陵建于后金天聪三年（1629年）。清康熙、乾隆两朝加以增修。建筑以方城为主，前有正红门和砖砌的台阶一百零八蹬。正红门内外有石雕华表、骆驼、狮子和牌坊等。一百零八蹬上的台地上建有牌楼和祭祀用的茶果坊、省牲亭等。方城有隆恩门、隆恩殿以及东、西配殿。方城后面的月牙城，即努尔哈赤和那拉氏葬处。

1626年努尔哈赤率兵攻打明军要塞宁远城（今辽宁省兴城市），被明军红衣大炮打伤，不久伤病交加死去。当时由于未建陵寝，两年半以后才迁入东陵。

电视片《努尔哈赤》，记录了努尔哈赤的一生。努尔哈赤（1559-1626），满族，先世受明朝册封，为建州左卫（今辽宁新宾）都指挥使。通晓满、汉文字。明万历十一年至十六年（1583-1588）统一建州女真各部，被封为都督金事、龙虎将军等。以后又合并海西、东海女真各部。明万历四十四年（1616年），建立后金，称金国汗。明天启五年（1625年）迁都沈阳。在向明朝用兵中被袁崇焕击败，受伤而死。清朝建立后，被尊为清太祖。

沈阳浑河与缪公恩《浑河》诗

沈阳在辽宁省中部，浑河河畔。沈阳是历史文化名城。周代以前隶属营州，战国时期属辽东郡，西汉时期属侯城，辽金时期称沈州，元代改称沈阳路，明末努尔哈赤迁都于此，称盛京。日本侵占时称奉天，抗战胜利后复称沈阳。现在沈阳市区向南发展，浑河将成为内河，横贯沈阳市区。

缪公恩（1756-1841）字立庄，号梅瀨，隶汉军正白旗，沈阳人，辽东著名诗人兼书画家，著有《梦鹤轩梅瀨诗钞》《题兰稿》等。

从他反映辽东、沈阳的诗作中，可以看出对自己的家乡的热爱。他的诗在历代反映沈阳的诗作中占有重要地位。在《浑河》一诗中，以夸张、比喻的修辞手法描绘了浑河的水势风光：

> 浊流直拟下昆仑，襟带陪都众永尊。
> 卷地东来山作障，排空西去海为门。
> 声推雪浪惊雷起，势压风湍阵马奔。
> 多少黄沙埋白骨，谁凭杯酒吊英魂。

响水寺与康有为的《响水现题壁》诗

响水寺位于金州城东大黑山西北麓，距金州十二华里。据载该寺建于唐代，清末以前是佛教寺院，后改为道现，即今之响水观，是辽宁名寺之一。

响水观后土殿右侧，有一个约深四十余米的天然洞穴，镌有"瑶琴洞"二字，一股泉水从石罅间涌出，叮咚作响，又流出墙外，其溅溅水声，传至很远，

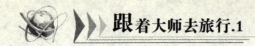

因名"响水"。洞内塑有瑶琴仙女神像。

传说古时响水观一带特别缺水，庄稼连年歉收。一天，从山沟口走来一位年轻白衣女子，随身带有一把黑色古琴，遂坐在山洞口抚琴，声调悠扬，似天宫仙乐，随着琴音，洞中涌出泉水，顺沟西下，浇灌着干旱的田地。白衣姑娘告诉人们，它是伏羲氏所造的"瑶琴"，能给人带来幸福。人们十分感激白衣姑娘，都亲热地称她为"琴姑"。不久，琴姑要走了，她对送行的乡亲们说："我已将瑶琴留在山洞的岩壁中。"随后琴姑就不见了。大家这才明白，她原是仙女。人们来到山洞边，就听到传来一阵阵悠扬的琴声，随声流淌着甘甜清洌的泉水。

洞口处有两块大石，刻以篆字，一曰"追瑶矶"，一曰"仙游床"，相传古代八仙畅游辽东时，曾坐此石上乘凉。

康有为（1858-1927），广东南海人。光绪进士，授工部主事。他目睹清政府的腐败无能，又受西方民主政治和日本政治维新的影响，积极推行改良主义。由于参与光绪变法维新的失败，而逃亡日本。其后组织保皇党，反对民主革命。著有《康南海文钞》《大同书》等。

康有为于1925年来到金州，游览响水观时曾写了《响水观题壁》一诗，如下：

金州城外百果美，瑶琴洞内三里深。

尚记唐皇曾驻跸，犹留遗殿耐人寻。

铁铃市陈循的《铁岭八景》

铁岭市在辽宁省北部，辽河干流从市区西北侧通过，柴河也流过并注入辽河。市内的龙首山是著名的风景区，山上有唐代修建的慈清寺和明代修建的秀峰塔。市内铁岭白塔，建于辽代，为13级宝塔。

陈循（1385-1462）字德遵，号芳州，江西泰和人。明永乐十三年进士，累迁户部右侍郎。后因获罪流放铁岭。著有《芳州集》《东行百咏集句》。其所作《铁岭八景》堪称描写铁岭景观的优美诗篇：

山郭朝烟

依山附郭居，一片朝烟合。
人家辨不真，苍茫是孤塔。

柴河晚霞

柴河水清浅，萦带苍烟下。
夕阳唤无舟，晚渡看车马。

蓬渡风帆

往来渡口船，风利乃得骋。
遥遥数片帆，吹没远天影。

帽峰云树

帽峰多白云，云杂帽峰数。
云深山更深，谁识仙源路。

龙首寻欢

霜林变丹红，秋高天气迥。
幽人植杖来，踏遍碧峰顶。

鸳湖泛月

湖上横秋烟，鸳鸯时出没。
中有荡舟人，高歌弄明月。

白塔横云

山雨过城头，雨晴云未散。
忽看白塔尖，钻入青天半。

红崖积雪

崩岸溃殷红，积雪留残白。

夕阳山背来，寒光照赤壁。

千山与辽阳才子王尔烈

千山位于鞍山市东南二十五公里处。千山用过很多名字。一名千朵莲花山，简称千山，形容莲花浮水而得名；二名千顶山，说的是山峰之多。千山，有过唐太宗的足迹、有过曹寅的足迹。中国名著《红楼梦》作者曹雪芹祖居辽阳（千山原属辽阳），其祖曹寅曾多次游千山。曹寅当年把自己的籍贯，用"千山"两字标出，可见三百年前，人们就把千山引以为荣了。

千山面积约三百平方公里，海拔七百八十五米。其中以五佛顶、仙人台为最高。远在隋唐时，已进行建筑。但现存胜迹，都为辽、金以后所建。明、清两代修建最多。有"五寺、九宫、八观、十二茅庵"，尤以无量观和被称为五大禅林的龙泉、大安、香岩、中会、租越等寺最负盛名。相传唐太宗李世民东征时，曾在大安寺的原址住过。近年又发现了自然岩石形成的"千山大佛"，更引来无数游客前来观光。

王尔烈，字君武，号瑶峰，辽阳人。乾隆进士，殿试二甲一名，授翰林院编修。历官御史、内阁侍读学士，充《四库全书》及三通馆纂修，嘉庆四年以大理寺少卿致仕，掌教沈阳书院，嘉庆六年卒。他幼承家学，其诗文横绝一时，善书，宗法二王，所著诗文多散失，近人金毓黻搜集编有《瑶峰集》。

王尔烈与千山非常密切，他在这里郊游会友，千山的龙泉寺的西阁有他的读书堂，千山的寺院有他的楹联。如王尔烈题龙泉寺法王殿楹联：

长白发祥，叠章层峦，朝拱遥看千笏列；

龙泉擅胜，深庭幽壑，巡游曾引六飞来。

他题的大雄宝殿联，如下：

龙之为灵昭昭，降雨出云，何必独推东岳；

泉之不舍混混，烟波柳浪，无难更作西湖。

　　龙泉寺在千山北沟中部，为千山五大禅林中现存最大的佛寺。历传有西阁客灯、瓶峰晨翠、龙泉演梵、讲台松风、石径梨花、吐符应生、石门弥勒、万松主照、狮吼钟声、龟石朝日、松门塔影、螺峰夜月、悟公塔院、鼓楼返照、磐石龙松、象山晴雪等景。

　　王尔烈曾写有《龙泉诗》一诗，表露出沉醉在龙泉寺美景中的惬意之情：

鸟引花迎到寺门，翠屏环拥纯宫尊。

一千峰里烟霞胜，十六景中图画存。

绝壁时悬云外屋，怪松皆走石间根。

来游总向西堂宿，琼岛虚舟惬梦魂。

　　仙人台在千山的南端，是千山的第一高峰，海拔七百余米。绝顶有峭石向北伸出，高五六丈，状如鹅头。传说曾有仙人于此对棋，峰顶上至今仍有石头的棋盘。王尔烈在《仙人弈棋台》是这样描写的：

天风吹轻衣，缥缈在绝顶。

棋声若可闻，欲上梯痕迥。

俯视屏障开，层叠青翠醒。

万象罗吾前，所历皆炯炯。

　荒碑纪丙午，零落难细。

摩挲未忍去，苔斑汉彝鼎。

忽看峭壁来，高力破溟滓。

下临无底壑，石棱剑戟挺。

奇险动心魄，长啸惊等侪。

萨尔浒与康熙、乾隆诗

在层峦耸翠、烟波浩渺的抚顺市大伙房水库的东南隅，有一座突起的山峰，其东与大道硅子、三道硅子相连，其北隔浑河与铁背山、界藩山相呼应，这就是历史上的名山——萨尔浒山。在这里努尔哈赤与明王朝发生了一场生死存亡的大战。萨尔浒大战历时五天，明王朝大败，损兵折将，而努尔哈赤却取得了横扫千军如卷席的辉煌胜利，奠定了清王朝的国基。

1682年康熙皇帝东巡来到萨尔浒之时，写了《萨尔浒》一诗，诗中描述了当年清太祖与明军的一场大战，把努尔哈赤比喻为一条巨龙：

> 城成龙跃竦重霄，黄钺麾时早定辽。
> 铁背山前酣战罢，横行万里迅飞飙。

1776年，清高宗乾隆皇帝东巡萨尔浒，曾在此山的南面建立了《萨尔浒山之战书事》石碑一座，亲书碑文。同时吟诗赞颂。其中一首写道：

> 铁背山头歼杜松，于麾黄钺振军锋。
> 于今四海无征战，留得艰难缔造纵。

铁刹山与清诗人

铁刹由在本溪市本溪县南甸，山上树木丛茂，悬崖峭壁。峭壁上有清代早期石刻，刻有"一览众山小"、"别有天地"等大字。山中盘道曲曲折折，到主峰要拐七十几道弯。原始顶、真武顶诸峰，为明末清初东北道教的创始地，上有云光、日光、天桥、乾坤等岩洞，其中以云光洞最为有名。此洞呈葫芦形，高度达九米，长约20余米，左右另有两个小洞，洞顶内有天然形成的石块，形状奇特，人们称之为石虎、石龙、石蟾、石寿星、石木鱼、石仙床、石莲盆、石屏风等。洞口岩石上刻有"九顶铁刹山，八宝云光洞"十个大字。明崇祯初年，有道士郭守真修炼于此洞。

清·庆升曾写有《游原始顶》一诗，原始顶是铁刹山主峰之一，海拔七百米，太子河奔流其北，八盘岭拱卫其南。庆升是满族光绪年间举人，他的诗曰：

> 巉岩五月嫩凉生，云外多奇热欲蒸。
> 远溯鸿蒙过百代，低看云树有千层。
> 高寒欲绝人间世，缔造知从劫外增。
> 谁到扶桑看日观，苦无伴侣我何能。

庆升还写有《游灵宝顶》一诗，灵宝顶也是铁刹山的另一主峰，与原始顶同样高险而俊美。诗中的太资水，即太子河。诗曰：

> 马首嵯峨见碧山，高如削玉夜生寒。
> 潺潺东接太资水，百二西连紫气关。
> 世上传经逾百部，寰中外道有千端。
> 宋徐锴与唐崔堤，博采旁收许再刊。

清李维祯，北镇县人，光绪二十四年（1898年）进士。他写有《云光洞》一诗：

> 非云非雾影横斜，一片云光洞口遮。
> 杂树桠槎森立聚，乱峰突兀俨排衙。
> 天空不落九天雪，座上争开四座花。
> 如此由中应忘老，不须回首更思家。

白永贞是清代之拔贡。民国后为奉天省议会议长。他登过铁刹山，也写有《铁刹山》一诗：

> 天然形胜擅辽东，九顶巍峨矗碧空。

跟着大师去旅行·1

瑞气久瞻金母岭，祥光朝射玉皇宫。

山前河水蒙衣带，月外天桥落彩虹。

信是乾坤钟毓厚，寻仙何事问衡嵩。

医巫闾山与耶律楚材等诗人

"医巫闾"为东胡语，意思是"大山"。医巫闾山在辽宁省锦州市北镇县西，又称六山或广宁大山，简称闾山。方圆630平方公里，为阴山山脉余支。早在隋唐时，山上就有了古建筑。现存古建筑多为十七至十八世纪所建。山上有观音阁，建筑在东部山上，殿堂两进，阁前有亭台，前殿立有清乾隆皇帝闾山诗刻石和很多石碑。这一带还有望海寺、道隐谷、吕公岩、旷观亭、云巢松、蝌蚪碑、桃花洞、圣水盆等"闾山八景"。望海寺有辽太祖长子耶律倍以及辽世宗、景宗等的陵墓。闾山西部还有玉泉寺、大朝阳、十八蹬等名胜。

金代蔡圭（？—1174），真定（今河北正定）人，历官户步员外郎，潍州刺史，以太常丞致仕。蔡圭以文学鸣世，其诗清劲雄奇，颇为豪脱，为当时所推崇。著有文集五十五卷，《晋阳志》十二卷等。他写有《医巫闾》一诗：

幽州北镇高且雄，倚天万仞蟠天束。

祖龙力驱不能去，至今鞭血余殷红。

崩崖暗谷森云树，萧寺门横入山路。

谁道营丘笔有神，只得峰峦两三处。

我方万里来天涯，坡陀缭绕昏风沙。

直教眼前增明秀，好在岚光日夕佳。

封龙山边生处涯，不妨世有扬州鹤。

明代许宗鲁，陕西咸宁人。明正德进士，嘉靖时，以金都御史巡抚辽东。工诗，尤善于书法。他曾有《秋晚闾山登眺》一诗：

九月边城风未寒，名山与客共盘桓。

经霜锦树真宜画，对酒黄花尚可餐。

病体不胜浮大白，壮怀犹自岸危冠。

晚来更上崔嵬石，始信人间行路难。

康熙皇帝是一位颇有才能的诗人，他有一首诗《过广宁望医巫闾山》：

名山插云汉，朵朵青芙蓉。

连亘数十里，隐现千百重。

迢遥不可极，黛色堆青峰。

窈窕复崒嵂，郁郁多苍松。

中有桃花洞，杳霭常云封。

万亩镇幽州，秩祀同岱宗。

盼望生引领，瞻顾停六龙。

何时一登览，荡涤疏心胸。

乾隆皇帝也有《游医巫山杂咏》三首：

翠云屏

崔嵬孤峰削玉华，山枢旁出古槎枒。

何人解事为镌勒，语凿空犹道女娲。

翠云屏在北镇庙西北角有一座天然山岩，远观其形，状如屏风，乾隆皇帝游此观之，题曰"翠云屏"。传说这块山岩是女娲娘娘炼石补天时掉下来的，又称"补天石"。

深吉栖迟可乐贤，路遥偶来访林泉。

东丹潜志读书处，逐鹿成图岂翘然。

道隐谷是指医巫闾山的一处好似屋檐形的大石棚，坐落在百米山崖下，俗

名"大石棚"。相传辽太子东丹人皇王耶律倍，曾隐居读书于此。乾隆皇帝游此，题为"道隐谷"。

圣水盆

垂崖迸水落纷纷，冬不凝冰事匪奇。

应为仙家修养法，将临玉女洗头时。

圣水盆在道隐谷棚下部，天然泉水沿石壁滴流而下，直落到石雕盆里，恰如白玉珠帘，凌空抖落，古人对这一壮观景色称为"山阁瀑流"。乾隆皇帝则依传说故事题为"圣水盆"。

锦县的萧军资料室、萧军墓与萧军

萧军（1907-1988），本名刘蔚天，鲁迅先生的忠实弟子，著名作家。他是小说家、散文家、历史剧作家，还是写旧体诗词的诗人。于1907年7月3日出生于辽宁省锦州市义县沈家台镇下碾盘沟村（现属锦县）。萧军从1932年开始创作，他的主要作品有《跋涉》《八月的乡村》《江上》第三代《五月的矿山》等。曾任全国政协委员、中国文联委员、中国作家协会顾问等职。于1988年6月22日在北京逝世，终年81岁。

《八月的乡村》的创作，奠定了萧军在中国现代文学史上的地位，使萧军成为东北作家群中杰出的代表。鲁迅先生为《八月的乡村》写下了不朽的序言。鲁迅不幸去世时，萧军闻讯迅速赶到，跪在鲁迅的床前"像一头狮子一样，石破天惊地号啕大哭"。鲁迅灵柩落葬时，萧军是16抬棺人之一，他还担任了送葬队伍一万多人游行示威的总指挥。

萧军于1938年到延安。不久到西安、兰州、成都等地任报刊编辑并参加"文抗"（中华全国文艺界抗敌协会）活动。1940年夏第二次到延安，任"文抗"理事、"鲁迅研究会"主任干事等职。1946年至1948年曾任东北大学鲁迅艺术文学院院长，在哈尔滨主办"鲁迅文化出版社"并主编《文化报》。因"文化报事件"，萧军被认为"诽谤人民政府，诬蔑土地改革，反对人民解放战争，挑拨中苏友谊"。文化大革命中又遭迫害。1980年4月终于被恢复名誉,萧军又重返文坛。

1983年9月24日至28日"庆祝萧军同志创作生涯五十年学术讨论会"在萧军的故乡锦县举行。萧军抱病参加会议,并向大会赠送了《我的童年》和长篇小说《第二代》各100部,并向锦县图书馆赠书。1986年4月23日萧军离京去锦县图书馆,研究"萧军资料室"布置方案。9月18日锦县图书馆及"萧军资料室"举行了落成典礼,萧军偕夫人王德芬及子女,萧军的老朋友萧军作品研究专家、学者、教授及有关部门代表等约200人参加庆祝大会。

萧军资料室设在锦县图书馆四楼。书法家黄苗子书写了匾额"萧军资料室"五个大字。陈列品有萧军各个历史时期的主要照片和有关资料、纪念品手稿、各种中外版本的作品,中共中央及北京市委为萧军作的政治结论抄件,毛泽东主席给萧军的信(复印件),中外友人赠送的礼物、贺年卡、小玩意,各单位寄给萧军的聘书、身份证。还有萧军的有历史意义的衣物、练功用的刀剑、手杖、花卉、办公桌椅、文房四宝等。陈列室的一角还布置了萧军在北京的写作室。还竖立着中央美术学院教授张德华雕塑的萧军头铜像。

萧军逝世后,萧军家乡辽宁省锦县人民政府在锦县县城凌河公园内修建了萧军墓,于1990年6月22日举行了墓碑揭幕和骨灰安葬仪式。

万佛堂石窟与明代贺钦《题万佛堂壁》

万佛堂石窟在锦州义县西北十八华里万佛堂村大凌河北崖上。共有大小石窟十六个,均开凿于北魏年间,距今已有一千四百多年的历史。内容风格与云冈石窟、龙门石窟较为接近。

万佛堂分东西二区,西区九窟,东区七窟。西区建于北魏太和二十三年(499年)。第五窟内刻有平东将军、营州刺史元景的造窟题记,宽约一米,上方雕小千佛,千佛上有屋形龛楣。此题记书法精美,康有为誉之为"元魏诸碑之极品"。第六窟规模最大,窟前部已崩毁,尚存后壁的交脚弥勒坐像,低眉微笑,头发呈水波状,左右有弟子,是难得的雕刻艺术精品。

东区诸窟残损甚重,仅第六窟后壁大龛中的释迦坐像,还能看出北魏雕刻

跟着大师去旅行·1

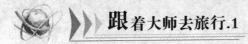

的原貌。第五窟壁上刻有北魏景明三年（502年）。

贺钦，字克恭，义州人。明成化三年（1466年）进士，官户部给事中。他是一位思想家，其学以精思默识，自身实践为本，有辽东贺夫子之称。能诗，著有《医闾集》。

他在《题万佛堂壁》中写道：

> 峭壁镌成万佛分，招提开创几千春。
>
> 行童不识寻幽客，误作参禅问法人。

绥中的碣石与曹操的《观沧海》

在绥中波涛汹涌的渤海湾中，有三块礁石突出海面，高者似碑，低者似坟，相传这就是孟姜女投海葬身之处，称之为姜女坟。姜女坟之说是虚构的，但海中礁石乃是秦皇汉武以及后来的魏武帝曹操、唐太宗一再谈到的"碣石"。碣石位于辽宁省绥中县址锚沟海面。近年考古发现，在碣石岸边25平方公里的范围内找到了规模宏大的秦汉行宫遗址，并出土了大量文物，证明其为碣石宫与汉武帝之观海台。

207年，魏武帝曹操北征乌桓凯旋班师途中曾登临碣石，留下了千古绝唱《观沧海》：

> 东临碣石，以观沧海。
>
> 水何澹澹，山岛辣峙。
>
> 树木丛生，百草丰茂。
>
> 秋风萧瑟，洪波涌起。
>
> 日月之行，若出其中。
>
> 星汉灿烂，若出其里。
>
> 幸甚至哉，歌以咏志。

绥中的姜女坟

孟姜女万里寻夫，哭倒长城的传说故事，是人人皆知的。她的坟在绥中县。

明朝王致中有《姜女坟》诗，诗前有小序曰："关外二舍许，海洋中有立石，殊肖人形，又卧石二，皆相枕，世传为姜女坟。同肖都护（馥亭）、蔺参戎观此。"

古时行军三十里为一舍，二舍许即不到六十里，实际上此处距山海关仅十多里。在绥中的渤海湾中，有三块礁石突出海面，高者似碑，低者似坟，相传这就是孟姜女投海葬海之处，称之为姜女坟。实际后来考证此为即为秦皇、魏武帝曾登临的"碣石"。

王致中《姜女坟》诗，如下：

> 海上双双拥翠螺，传来姜女瘗回波。
> 千年不转心如石，万里相牵泪满萝。
> 拍岸涛声频助咽，窥人林鸟总成魔。
> 珥流砥柱应如此，把酒临风纪不磨。

熊岳与金代诗人元好问

元好问（1190-1257），金代著名诗人。字裕之，号遗山，山西忻州人。兴定五年（1257年）进士，累官行尚书省左司员外郎，金亡不能仕。著有《遗山先生文集》。

金代王庭筠，熊岳人，曾任中大夫翰林直学士。工书善画，诗文高出时辈。元好问有《王学士熊岳图》一诗：

> 洗参池水甜如蜜，玉堂仙翁发如漆。
> 膝前文度更风流，尽卷风流入诗笔。
> 古来说有辽东鹤，仙语星星谁为传。

跟着大师去旅行·1

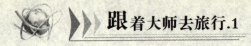

五百年前异人出，却将锦绣裹山川。

诗人所指王学士，即指王庭筠。看来王学士所画的"熊岳图"反映了辽东的风流人物和风流的山川景物，令诗人元好问非常赞赏。诗人以仙人和仙境赞美"熊岳图"。

望儿山与清魏燮钧《过望小儿疝》

望儿山在营口市盖县南五十里的熊岳城。孤峰平地拔起，上有小塔一座。传说塔即为慈母化身，山亦由此得名。

魏燮均，清咸丰贡生，工书法，诗亦淡远古朴，著有《九梅村诗里》《香雪斋笔记》等。他的《过望小儿疝》诗，如下：

> 望儿处，山巍巍，
> 天涯游子行不归，
> 老翁日夜心伤悲。
> 望儿处，海茫茫，
> 游子一去不还乡，
> 老翁化石犹相望。
> 至今山顶留遗迹，
> 苔花绿蚀一片石。
> 每当酸风苦雨时，
> 夜深如向山头泣。
> 我今驱车山下过，
> 妄听父老传闻讹。
> 但见堆石做人立，
> 屹然不动犹嵯峨。
> 吁嗟乎！
> 山下行人去不返，

山上顽心石不转。

天涯客须早还乡，

莫使依闾肠空断。

王尔烈纪念馆

王尔烈，字君武，号瑶峰。1727年出生在辽阳。1771年参加科举中二甲头名进士，授翰林院编修。1801年病逝辽阳。

王尔烈纪念馆于2004年6月21日开放。王尔烈纪念馆坐落在辽阳市区老城西门里路南"翰林府"故居内，占地1250平方米。原来的翰林府是南北两个院子，复建后成为东西向的两进院落。大门向东开放。院内有仿清瓦房32间。

馆内陈列分为三个部分：王尔烈生平、诗书艺术、人物陈列，共展出各类文物史料照片200余件。

正门对面的房子是王尔烈的生平陈列室，通过历史资料和实物，将王尔烈的家世出身、求读科考、入仕为官等经历展现出来。

在另一间王尔烈诗书艺术专题陈列室中，墙上是王尔烈不同时期的墨宝，还有科考的试卷、文章诗词。

在人物陈列室中，有6个与真人大小等高的硅胶塑像，栩栩如生。在书房里，白发长髯的72岁王尔烈正在提笔泼墨，一旁10岁小孙子正托着下巴望着爷爷。另一侧，婢女正捧着果盘在一旁侍候。在起居室里，王尔烈白发苍苍的妻子正盘腿坐在炕头与王尔烈的妾室闲话家常。

朝阳白狼山与曹操

207年（东汉建安十二年），曹操征乌桓，来到柳城（即今朝阳县十二台乡袁台子村）行军中作《碣石篇》四首，其第二首《冬十月》是大战于白狼山（今喀左县白塔子乡大阳山），杀死乌桓元帅塌顿之后在马上所作。

孟冬十月，北风徘徊。

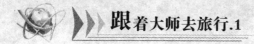

天气肃清，繁霜霏霏。

昆鸡晨鸣，鸿雁南行。

鸷鸟潜藏，熊罴窟栖。

钱铺停置，农牧积场。

逆旅整没，以通商贾。

幸甚至哉，歌以咏志。

这是曹操目睹朝阳地区当时的天候：北风、繁霜；物候：昆鸡、晨鸣、鸿雁南行、鸷鸟潜藏、熊罴窟栖；农事：停止耕作，庄稼堆积在场园，修整道路，便利贸易。他很高兴，于是作此诗。朝阳蜡像馆里，塑有真人一般大的曹操像。

曹操的御史大夫缪袭，同时也作了长短句《鼓吹曲·屠柳城》歌颂曹操平乌桓："屠柳城，功诚难，度越陇塞路漫漫。北逾平岗（今凌源县城东）但闻北风正峻。塌顿授首，遂登白狼山，神威袭慑海外，永平北顾患。"前六句是写其过程，后两句是概括其结果。

朝阳与唐代边塞诗人高适的《营州歌》

唐开元十九年（731年），剑南节度使，著名边塞诗人高适（702-763）来营州（治所在今朝阳）。他写的《塞上》《信安王出塞》和《营川歌》等反映朝阳及附近一带的社会生活的诗有十五六首。其中《营州歌》：

营州少年厌原野，孤裘蒙茸猎城下。

庌酒千杯不醉人，胡儿十岁能骑马。

这首诗赞美胡人剽悍豪放的气魄，字里行间洋溢着浓郁的生活气息和边塞情调："胡儿十岁能骑马"典型地描绘了以儿童为代表的马术精良的习性，反映了当时朝阳人的民俗和气魄。

高适有关朝阳的边塞诗璀璨瑰丽，生动动人，如"燕赵何苍茫，鸿雁来翩翩"（《酬司空姥》）何等粗犷豪放。"相逢旅馆意多违，暮雪初晴，候雁飞，主人酒尽君未醉，薄暮途遥归不归？"（《送李少府在客舍》）又很轻松诙谐。

高适《塞上》一诗写了朝阳一带的战事，开篇写了边关的形势：

> 车出卢龙寨，浩然客思孤，
> 亭堠列万里，汉兵犹备胡。

接着写在右北平郡当过太守的李将军李广在这一带的戎马生涯：

> 惟昔李将军，按节临此郡。
> 总戎扫大漠，一战擒单于。

最后缅怀李将军的功绩，并愿效法他"满怀感激心，愿效纵横漠"诗人向往安塞定边为国家建功立业。李广在朝阳一带当太守很有威望。王昌龄曾有："但使龙城飞将在，不教胡马度阴山"（《出塞》）之句。

734年，即唐开元二十二年高适又写了《燕歌行》。当时有人在塞外作战回来作《燕歌行》赠高适，高适和之。诗中有：

> 校尉羽书出瀚海，单于烈火照狼山。
> 山川萧条极边土，胡骑凭陵杂风雨。
> 大漠穷秋塞草腓，孤城落日斗兵稀。
> 边风飘摇那可度，绝城苍茫更何有。
> 君不见沙场征战苦，至今犹忆李将军。

前边写塞北风光，末两句赞美李广。高适来到朝阳，印象较深，所以和诗生动逼真，诗中狼山可能即白狼山，今喀左大阳山。

朝阳与苏辙

1089年，即北宋元祐四年尚书右丞苏辙与刑部侍郎赵天锡作为辽国生辰信

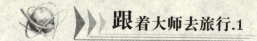

使，访问了辽国。在中京大定府（今内蒙古宁城县大名城）及其他地方漫游了半年。沿途写诗28首，统称奉使契丹28首，其中神水馆寄子瞻兄四绝（七绝四首）是写给在杭州的长兄苏轼的，反映了边塞生活的艰苦和怀念家乡之情。神水馆，即今凌源热水汤。

又如《惠州》（今建平县八家子）一诗：

孤城千室闭重湮，苍茫平川绝四邻。

汉使尘来空极目，沙场雪重欲无春。

羞归应有李都尉，念旧可怜徐舍人。

会逐单于谓桥下，欢呼齐拜属东尘。

头四句写苍茫辽阔冰天雪地的塞北风光，第五六句用了两个典故：投降匈奴的汉将李陵和南陈王朝出使北齐被拘禁的徐陵。一个羞归，一个念旧，用来表达自己思古忧国之情。

蒙族作家尹湛纳希的故居

尹湛纳希，汉名宝瑛，清道光十七年（1837年）农历4月16日生于卓索图盟土默特右旗（今辽宁省北票市）下府乡一个被称为忠信府的蒙古族贵族家庭。

尹湛纳希是蒙古族民族英雄成吉思汗的后代。父亲旺钦巴拉，曾任本旗协理台吉，能诗文，于道光二十七年病卒，享年53岁。

尹湛纳希自幼聪慧好学，10岁会吟诗作文。17岁来到喀喇沁右旗扎萨克多罗杜楞郡王色伯克尔济的王府。23岁与喀喇沁右旗的姑娘萨仁宝勒日结婚。二十五六岁时撰写了第一部长篇言情小说《红云泪》。二十七八岁时写出《一层楼》。书中描写了封建贵族家庭封建礼教摧毁青年们纯真爱情的悲剧。30岁开始写《青史演义》。此书全称《大元盛世青史演义》，是尹湛纳希艰苦奋斗二十年用蒙文写成的长达120回的章回小说（现存69回）。这是一部史诗式的文学巨著，描写了从12世纪后半叶，蒙古兴起，统一各部落以及统一中国北方各民族，向外扩张的历史过程。作者以极大的热情、高度的敬仰，塑造了蒙古族开国皇帝成吉思汗的伟大英雄形象。

此书前八回是其父的遗作，尹湛纳希继承父亲遗志，完成了如此辉煌的历史演义，不仅给蒙古族人民和大元帝国的历史增辉，也给整个中华民族文学做出了不泯的贡献。

1891年（光绪十七年）10月，55岁的尹湛纳希为避金丹教变乱逃离忠信府，住到锦州郊区药王庙，因大量书稿遗失，可能患了逆气症，于1892年正月27日逝世，享年56岁。

尹湛纳希的文学成就在世界产生了巨大影响，从二十世纪五十年代以来，世界蒙古学家们争相研究尹湛纳希，蒙古、前苏联、德国、匈牙利、法国和日本等国家尤其热衷研究，并获得积极成果。

如今在北票城里，建立了以尹湛纳希命名的中学，在下府乡还建立了尹湛纳希的展览馆。已故国家副主席乌兰夫为展览馆题了词。一座高大的尹湛纳希的塑像已屹立在北票南山的绿草地上。他那双炯炯有神的眼睛，仍注射着那飘着炊烟的村庄，注射着那大凌河水悄悄地向着远方流淌。

山东文化名胜

历下亭与杜甫

济南大明湖中有一个名叫历下亭，有一座名士轩，745年（唐天宝四年），到临邑看望其弟杜颖（当时任主簿）时，大诗人杜甫曾经到济南拜访了他童年之友、时任齐州司马的李之芳。齐州司马李之芳在历下亭宴请诗人，席上又逢大书法家李邕，时任北海郡（治所在今山东省益都县）太守，故称"李北海"。杜甫即席写下了《陪李北海宴历下亭》的诗篇：

东藩驻皂盖，北渚凌清河。

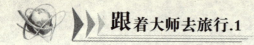

> 海右此亭古，济南名士多。
> 云山己发兴，玉佩仍当歌。
> 修竹不受暑，交流空涌波。
> 蕴真惬所遇，落日将如何。
> 贵贱俱物役，从公难重过。

其中"海右此亭古，济南名主多"一联，令济南人引为荣幸，流传千古，铭刻心中。

杜甫当年饮酒赋诗的历下亭，在岸上不在湖中，今历下亭是清康熙三十二年（公元1693年）所建，它承袭了古历下亭的名字，也承袭历下亭的故事。古亭门匾书额"海右古亭"，大门两旁是清代书法家书写的对联"海右此亭吉，济南名士多"。大门之东有一幢石碑，"历下亭"三字是清乾隆皇帝御书，亭内设有莲花形雕花石桌，配以石鼓坐凳，游人可在此宴饮、品茶、下棋休息。

历下亭北面是名士轩，轩名袭用的是宋代齐州知州曾巩州衙中名士轩的旧名，门前楹联却是现代诗人郭沫若作亲书："杨柳春风万方极乐，芙蓉秋月一片大明。"历朝历代不知有多少文人墨客在这里宴饮题咏，遂使这名士轩成了真正的名士聚会之地。

南丰祠与曾巩

大明湖在济南市旧城北部，由城内泉水汇聚而成。北魏时起就称为大明湖，宋代亦称"西湖"。沿湖多亭台楼阁、祠堂庙宇、水榭长廊等。如有历下亭、小沧浪、南宋大词人辛弃疾纪念祠以及铁公祠等名胜古迹。湖南有清宣统元年所建的遐园，湖北高台有建于元代的北极阁，湖东有为宋代文学家齐州知州曾巩所建的南丰祠。南丰祠有一副很有趣的名联：

> 北宋一灯传作者；
> 南丰二字属先生。

曾巩（1019-1083），北宋著名的散文家。字子固，南丰（今江西省南丰县）人。宋嘉祐二年（1042年）进士。曾任越州通判，历知齐、襄、洪、福等州，官至中书舍人。著作有元丰类稿。宋神宗熙宁五年（1072年），曾巩由越州（今浙江绍兴）来济南，任齐州知州。第二年离济南去襄州（今湖北襄樊）。

曾巩在济南短短一年时间，除推法安民、调整赋役、整顿交通外，还在城内修建了北水门、北清亭、鹊山亭、百花台、百花堤、百花桥等，并写了《大明湖》《西湖纳凉》《鹊山亭》《水香亭》《环碧亭》《北清亭》等吟咏济南的诗文。

曾巩在《大明湖》诗中写道：

> 湖面平随苇岸长，碧天垂影入晴光。
> 一川风露荷花晓，六月蓬瀛燕坐凉。
> 沧海梓浮成旷荡，明河槎上更微茫。
> 何须辛苦求人外，自有仙乡在水乡。

这首七律，不仅歌颂了大明湖的佳丽景色，也表达了曾巩热爱济南的深厚感情，认为何须再苦求那虚无缥缈的仙乡呢！

曾巩"最喜晚凉风月好，紫荷香里听泉声"（《西湖纳凉》）。他常常在鹊山亭吟咏流连，"太守自吟还自笑，归时乘月尚流连"（《鹊山亭》），直至月出夜深时尚不忍还。终于他奉命离任齐州，奔赴襄州，但曾巩"有情千里不相忘"（《寄齐同宫》），"已去齐州一月程"，"难放西湖十顷秋"（《离齐州后》）。

李清照纪念馆

李清照（1084-1151），号易安居士，济南人，著名学者李格非之女，曾与丈夫赵明诚共同搜集、研究金石书画。金兵入侵，流寓南方，丈夫死后，境遇孤苦。她工书善画，兼通音乐，尤擅长诗词，有较高的艺术成就。著有《漱玉词》。

在山东省济南市大明湖中有一座漱玉泉，属趵突泉群，与柳絮泉相邻。泉呈方池，池边绿柳成荫，池内清水见底，水中游鱼可数。漱玉泉为宋代女词人李清照的故居。解放后，在其故址建有李清照纪念堂。清康熙年间的诗人田雯

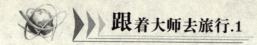

（1635－1704），曾写有《柳絮泉访李易安故宅》一诗：

> 跳波溅客衣，演漾回塘路。
>
> 清照昔年人，门外垂杨树。
>
> 沙禽一只飞，独向前洲去。

郭沫若为李清照纪念堂写有一联：

> 趵突泉边，大明湖畔，故居在绿树深处；
>
> 漱玉集中，金石录里，文采有后主遗风。

辛弃疾纪念祠

辛弃疾（1140－1207），南宋大词人，号稼轩，历城（今山东济南）人，二十一岁参加抗金起义，后归南宋政府，历任湖北、江西、湖南、浙东安抚使等职。一生主张抗战，梦寐收复失地，但提出许多抗金建议均不被采纳，并遭主和派打击，长期闲居江西。他的词艺术风格以豪放为主，与苏轼并称"苏辛"。

辛弃疾纪念祠在山东省济南市大明湖南岸，建于1961年，1980年重修，是一处具有民族风格的院落，大门上有陈毅同志所题"辛稼轩纪念祠"。祠内陈列有辛弃疾生平和创作的文物、图片。

郭沫若为纪念祠写了一副楹联：

> 铁板铜琶，继东坡高唱大江东去；
>
> 美芹悲黍，冀南宋莫随鸿雁帮飞。

辛弃疾故居是在济南东郊甸柳庄四风闸。清代诗人田雯也写过四风闸访辛稼轩旧居，诗曰：

> 药栏围竹坞，石泉逗山脚。

风流不可攀，谁结一丘壑？

斜阳甸柳庄，长歌自深酌。

明湖居的白姐说书遗风

《老残游记》中把艺名白姐的王小玉说书描写得神乎其神，使人于百年之后仿佛仍然能够听到当年绕梁三日的唱腔。因此，凡到大明湖的人，都要去寻找当日白姐说书的旧址明湖居。

熟悉济南旧事的严薇青教授在所作《济南掌故》一书中说：明湖居的原址，在今天大明湖南门外西边路北，大约在现在的售票处与摄影部一带地方，上世纪20年代时仍然是戏园，后来改为供游人歇脚喝茶的茶社，那时场子中间还有供演出用的舞台，30年代中期拆掉，从此不再有令人神往的老明湖居。

后来更有人考定，明湖居始建于清同治十年（1871年），是一个大戏园子，前有戏台，台下年摆一百多张桌子。创办这所戏园的人就是梨花大鼓的创始人武定（今滨州）籍的郭大妮，郭大妮出嫁后，她的弟子临清籍的黄大妮继承了她的事业。白姐是黄大妮的徒弟，也是她的姨表妹，黑妮是白姐的徒弟也是她的干姐妹。王小玉的另一位弟子谢大玉，建国后曾任济南市政协委员，她也曾在明湖剧中演出过，1964年在原明湖居之北，新建一处明湖居，虽不是老明湖居的旧格局，到底把旧事承袭下来，也成了游人常到的地方。

更重要的是，济南原本就是曲艺之乡。明代济南大文人李开先，筑万卷楼藏书，其中曲艺唱本，号为海内第一。清代时，济南流行的曲艺品种，著名的有梨花大鼓、琴书、扬琴、山东快书、渔鼓坠子、河南坠子等等。王小玉说书，正是当年曲艺艺人辈出的一种表现。直至今日，济南的曲艺表演仍然普遍而深受欢迎。

张养浩故居云庄和张养浩墓

张养浩（1270-1329）元散曲家。字希孟，号云庄，山东历城人。曾任礼部尚书、监察御史等职。至治元年（1321年），因上疏谏元夕放灯得罪辞宫，隐居故乡。天历二年（1329年），陕西大旱，他被召为陕西行台中丞，去赈济灾民，

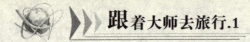

同年死于任所。他的作品有《云庄休闲自适小乐府》《云庄类稿》等。小令《山坡羊·潼关怀古》是他的名作：

> 峰峦如聚，波涛如怒，山河表里潼关路。
> 望西都，意踟蹰，伤心秦汉经行处，宫阙万
> 间都做了土。兴，百姓苦！亡，百姓苦！

此曲深刻揭示在封建社会里无论怎样改朝换代劳动人民永远不能摆脱痛苦的境地。他非常热爱自己的故乡。他曾写有《我爱云庄好》诗九首，表达了他热爱云庄的真挚感情，反映了他隐居闲适、厌弃权贵的情操。云庄，故址在今济南市东郊五柳闸南，标山偏东处。现选《我爱云庄好》二首：

其一

> 我爱云庄好，溪流转玉虹。
> 惊飙荷背白，残照鸟身红。
> 运意微茫外，真欢放浪中。
> 终身能如此，甘作灌园翁。

其二

> 我爱云庄好，柴门俗客稀。
> 行田虫扑帽，坐树蚁缘衣。
> 云水一铜镜，霜林万锦机。
> 东冈陂故在，辞聘未全非。

张养浩的墓在张庄东村。

白雪楼与明代文学家李攀龙

李攀龙（1514-1570），明代著名文学家。字于鳞，号沧溟。历城（今山东

济南市郊）人。嘉靖二十三年（1544年）进士，官至河南按察使。他和谢榛、吴维岳、梁有誉、王世贞倡诗社，后又有徐中行、吴国伦加入，称后七子。李攀龙和王世贞是明后七子的领袖人物。他们的文学观点和创造风格与明代前七子相同。李攀龙有《沧溟集》。

白雪楼，又名鲍山楼、山楼，是李攀龙于明嘉靖三十五年辞官归家后所建。取名"白雪楼"，是表示自己不与世俗同流、孤芳自赏，暗用宋玉《答楚王问》："阳春白雪"之意。李攀龙曾在《酬李东昌写寄白雪楼图并序》中说："楼在郡东30里许鲍山，前望太麓，西北眺华不注诸山，大小清河交络其下，左瞰长白、平陵之野，海气所际。每一登临，郁为胜观"。白雪楼旁有丁家湾。从田雯《韩仓访白雪楼遗迹》诗，可知白雪楼在韩仓村，即位于济南城郊王舍人庄之东。李攀龙去世后，楼废。清代田雯、蒲松龄都曾访问过白雪楼的遗迹。

李攀龙在《白雪楼》诗中写道：

> 诸郎难得意，非是敢沉冥。
> 拙宦无同病，清时有独醒。
> 千家寒雨白，双阙晓烟青。
> 又信高楼雁，寥寥不可听。

此诗表露出作者孤高自许、目下无尘的思想，又含有曲高和寡、知音难遇的感慨。他在《丁香湾》诗中写道：

> 平湾澹不流，寒影千峰入。
> 斜阳一以照，彩翠忽堪拾。

丁香湾就在白雪楼附近，从这首诗中可以看出诗人对白雪楼周围的景色是满意的，那惊喜的心情跃然纸上。曾任户部侍郎的清代诗人田雯（1635–1704）在他寻觅白雪楼后，写了《韩仓访白雪楼遗迹》一诗：

> 直过丁香湾，使入韩仓谷。

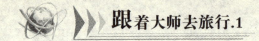

> 谷口阒无人，鸟声媚幽独。
> 萝花落长松，雨晴如膏沐。

清初著名小说家蒲松龄（1640-1715）也探访过白雪楼，对先辈凭吊。他在《白雪楼》诗中写道：

> 湖上春残草色深，骚坛旧迹快登临。
> 垂杨庭榭长烟雨，近水楼台自古今。
> 风定时看花自落，雅亡犹有梦相寻。
> 往来冠盖豪游地，俯仰当年思不禁。

白雪楼在清代还是受到许多人的追慕向往，孔尚任在《历下杂咏》中曾写道：

> 泺水东邻白雪楼，千山落照万山秋。
> 行人来去歌吟遍，忘却题诗在上头。

泰山与历代文人

泰山在泰安市城北，海拔1524米、高度居五岳第三位，但自古称为"五岳独尊"、"五岳独宗"、"五岳之首"。历朝历代许多文人游泰山，留下脍炙人口的诗篇美文。

较早的有曹植（192-232）的驱车篇。曹植字子建，祖籍谯（今安徽亳县），曹操第二子，三国魏杰出的诗人。其兄曹丕登位后，屡受猜忌和打击，终至郁郁而死。有《曹子建集》。

这首诗《驱车行》写诗人驱车东行，由泰山脚下经过所看到的景物和由此引起的联想。诗中先勾勒泰山雄伟壮丽的轮廓，继而叙写泰山自古以来在人们心目中的崇高地位。请看：

> 驱车挥驽马，东到奉高城。神哉彼泰山，五岳专其名。

隆高黄云霓，嵯峨出太清。周流二六侯，闲置十二亭。
上有涌醴泉，玉石扬华英。东北望吴野，西眺观日精。
魂神所系属，逝者感斯征。王者以归天，效厥元功成。
历代无不遵，礼祀有品程。挥策或长短，惟德亨德贞。
封者七十帝，轩皇元独灵。餐霞漱沆瀣，毛羽被身形。
发举蹈虚廓，径庭升窈冥。同寿东父年，旷代永长生。

西晋文学家陆机（261-303）曾写有《泰山吟》一诗，这首诗可在泰安岱庙汉柏院内碑墙见到。内容是说人死后魂归蒿里山，如：

泰山一何高，迢迢造天庭。
峻极周以远，层云郁冥冥。
梁父亦有馆，蒿里也有亭。
幽岑延万鬼，神房集百灵。
长吟泰山侧，慷慨激昂声。

东晋谢玄之孙，南朝宋著名诗人谢灵运（385-433）擅长山水诗。他曾写《泰山吟》一诗，此首五言古诗描写了泰山巍峨险峻和古代封禅、明堂遗迹的特色，也说明了泰山远近驰名的原因。《泰山吟》是这样写道：

泰宗秀维岳，崔崒刺云天。
岞崿既险巇，触石辄迁绵。
登封瘗崇坛，降禅藏肃然。
石闾何晻霭，明堂秘灵篇。

唐代的卢照邻、李白、杜甫也都写有泰山的诗。"初唐四杰"之一的卢照邻（约635-约689）写有《登封大酺脯歌》，描绘了高宗李治乾封元年（666年）东封泰山、大酺相应的盛况：

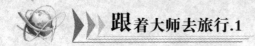
日观仙云随风辇，天门瑞雪照龙衣。

繁弦绮席方终夜，妙舞清歌欢未归。

　　李白在天宝元年（742年）以前初登泰山时写了《泰山吟》共六首。如《泰山吟》其一，此诗描绘了泰山景物，笔力雄浑，写得有声有色，同时又通过奇妙的联想，勾勒出一个令人神往的仙境。此诗如下：

四月上泰山，石平御道开。

六龙过万壑，涧谷随萦回。

马迹绕碧峰，于今满青苔。

飞流洒绝巘，水急松声哀。

北跳崿嶂奇，倾崖向东摧。

洞门闶石扇，地底兴云雷。

登高望蓬瀛，想象金银台。

天门一长啸，万里清风来。

玉女四五人，飘摇下九垓。

含笑引素手，遗我流霞杯。

稽首再拜之，自愧非仙才。

旷然小宇宙，弃世何悠悠。

　　在吟咏泰山的诗词中，最有影响的是杜甫（712-770）的《望岳》。开元二十三年（735年）杜甫赴洛阳应进士考试落榜，两年后漫游齐赵（今山东、河北），《望岳》这首五言律诗就是这时候写的。全诗四十个字，却逼真地勾勒出泰山雄伟壮丽的景物轮廓。这首诗成为千古传诵的名篇。全诗如下：

岱宗夫如何，齐鲁情未了。

造化钟神秀，阴阳割昏晓。

荡胸生层云，决眦入归鸟。

会当凌绝顶，一览众山小。

金代著名诗人元好问的《黄花峪》、元代著名散曲作家张养浩的《登泰山》、清代小说家蒲松龄的《登岱行》等都是吟咏泰山的名篇。散文较有名的有清姚鼐的《登泰山记》、现代的有徐志摩的《泰山日出》、李健吾的《雨中登泰山》等。

泰山传说是孙悟空家乡

泰山西路远处有山名扇子崖，更远处有一座傲来山，有人将古书记载山中传说与《西游记》相对照，以为此处便是孙悟空的家乡。

《西游记》上说孙悟空所处的傲来国有一座花果山，"那座山，正当顶上，有一块仙石，盖开天辟地以来，每受天真地秀……（一日）见风，化作一个神猴"。傲来山上至今还有一个"猴子石"。

再仔细考察，《泰山图说》记泰山有"水帘洞"、"洞出山岩，水流云掌，高悬直泻，宛类珠帘"。元代著名书画家、文学家赵子昂曾有《玉帘泉吟》一诗，描绘玉帘泉的夜景，形象逼真。他写道：

> 飞泉如玉帘，直下数千尺。
> 新月横帘钩，遥遥挂空碧。

玉帘泉俗名水帘洞，地处三官庙北，山坳中有古洞流水，洞旁有名人钟惺题"水帘洞"三字。

《泰山道里记》上记载泰山有"火焰山"："（扇子崖）西北二里为火焰山"。《岱览》上具体描绘："火焰山，赤如秃髦，熏如紫…？"又有牛魔王的洞府，《岱览》记述："（火焰山）南崖一洞颇幽邃…俗称魔王洞。"

《西游记》"唐三藏受阻火焰山，孙悟空三调芭蕉扇"一回故事，说孙悟空借得的芭蕉扇"本长昆仑山后"，泰山恰恰古称昆仑，其形如扇的扇子崖，真的就在泰山之后。

近来更有人考证，《西游记》的作者吴承恩，应考岁贡生及赴京谒选时都

跟着大师去旅行·1

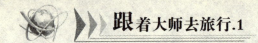

是路经泰山的。他很可能是顺路登泰山，从山中得到不少素材，把现实的泰山景物，蒙上神话色彩，幻变成书，演出种种故事。

曲阜尼山传说是孔子出生地

尼山离曲阜城50里，东临沂河，山上有孔子庙、尼山神庙尼山书院。孔子庙内东南角有一座高高的观川亭，传说是孔子临川慨叹："逝者如斯夫，不舍昼夜！"

相传，孔子的母亲颜征在祈祷于尼山而生孔子，因此孔子名丘，字仲尼。颜征在在尼山附近的另一座小山下的荒坡下生下了孔子，那山以后便叫"颜母山"。

孔子，口渴思饮，到一井边，无力取水，只见井口倾倒，水自井中流出，世传为"扳倒井"，后来又叫它"鲁源"，义即鲁国之源，泉水流成一条河，名为"智源溪"，意思是说孔子出生之地是智慧之源。颜母山上有一片郁郁葱葱的树林，名叫鲁源林，山下有一个村庄，就是孔子的故乡，故称昌平乡，今名鲁源村。

沿智源溪西岸北上，走一里多，有坤灵洞，又名夫子洞。相传孔子出生后，其父叔梁纥嫌他相貌丑陋，将他抛弃在山下，一只雌虎把他衔在洞中哺养。洞中原有孔子像，有石凳状如小儿眠床。

曲阜孔林与孔子墓

孔林是孔子及其家族的专用墓地。孔子死后，他的弟子将他葬在鲁城北泗水之上，开始"墓而不坟"。从秦汉时筑坟，南北朝时植树六百株。宋宣和年间造石仪。元至顺二年（1331年）建林墙筑林门。明洪武十年（1377年）、永乐年间两次扩大孔林，明弘治台年间修驻跸亭和享殿等。清康熙二十二年（1684年）将孔子林扩大为三千亩。雍正八年（1730年）大修孔林，重修了各种门坊。孔林内古冢累累，石碑林立，石仪成群。从曲阜旧城北门通孔林的大道，名教"神道"，送葬时沿着神道进入孔林。孔林是世界上持续时间最长的家族墓地。在孔林中，孔子祖孙三代的坟墓葬为一组，成"品"字形，孔子、孔鲤的墓在后（孔子墓在右，孔鲤墓在左），孔及墓在孔子、孔鲤墓前方。这种墓形式俗称"携子抱孙"，意思是，孔子领着儿子孔鲤，抱着孙子孔及。孔子墓为封土大冢，高一丈五尺。墓前石碑两块，前碑上书"大成至圣文宣王墓"。后碑篆书"宣圣墓"。

文学家孔尚任墓

孔尚任（1648-1748）字聘之，李重，号东唐、岸堂，自署云亭山人，山东曲阜人。少年就开始搜集资料，准备写南明兴亡的戏剧。中年后因他是孔子第六十四代孙，曾得到康熙帝的褒奖。那是在1684年，清帝康熙赴曲阜祭孔，孔尚任被选为皇帝讲经官，他的族兄孔尚立做助手。正式开讲前，两人先入诗礼堂演习经诞仪式，一进门，抬头便见堂中悬挂的杜甫名诗："两个黄鹂鸣翠柳，一行白鹭上青天。"孔尚任大喜。便对孔尚立说："我们两人将要入朝做官了。"孔尚立问其故。尚任说："两个黄鹂鸣翠柳，指的是咱俩给皇上讲经；一行白鹭上青天，意味着咱们官运亨通，直上青天。"原来，清初六品以上的官员，朝服上都有白鹭装饰的图案。果然诗礼堂讲经后，康熙大为欣赏。离开曲阜前，康熙对大学士王熙说：孔尚任等陈书讲经，克服联衷，不拘定例，额外议用。于是13天后，孔尚任、孔尚立接到任命诏书，被破格提升为国子监博士，后又晋升为员外郎等官职。在1699年完成了传奇《桃花扇》的写作，演出后很快引起了反响。戏中明显的反清哀明的思想使康熙皇帝大为不满。第二年孔尚任被借口罢官回家，此后从事诗文写作。有诗集《湖海集》和《岸堂文集》，戏剧除《桃花扇》外，还与顾彩合作《小忽雷》传奇。孔林的东北部有著名文学家孔尚任的坟墓。他的墓侧有几株桃树迎风摇曳，似乎在吸引人们去联想他的不朽名著《桃花扇》。

邹县的孟子故里

邹县在曲阜南22公里。邹县是孟子的故乡，素有"亚圣之乡"的称誉。这里有孟庙、孟府、孟林。

在孟庙的第三进院落里，有座康熙碑亭，亭中的碑立于清康熙二十六年（1687年），已经有1300多年的历史。在孟庙的启圣殿和孟母殿里分别放着一尊同样的石像。传说，孟母死后，孟子为了报答母亲的养育教诲之恩，自刻了一尊石像，为母亲殉葬。到了宋代，孔子45代孙孔道修孟母墓，发现了这一尊石像。

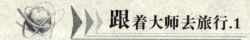

当时有人认为孟子只刻一尊石像为母亲殉葬而不为父亲殉葬是不对的，就请石匠仿照孟子的自刻像，又刻了一尊石像，放在孟子父亲孟损激的墓里。

与孟庙毗邻的"亚圣府"是世代"邹国亚圣公"的府第。孟子故里还有一座"孟母断机处"碑。相传孟子少年丧父，家境贫寒，但孟母决心把儿子培养成像孔子那样有学问的人，起初，孟子的邻居是个屠户，孟轲自幼聪敏，觉得杀猪好玩，就模仿杀猪做游戏。孟母觉得这对儿子的影响不好，决心迁到村边上住。村边上荒冢累累，墓碑林立，孟轲见人家殡葬、扫墓，又模仿着做游戏。孟家在镇上的新居，靠近一所学校，学校里天天有朗朗的读书声，学生们个个彬彬有礼。孟轲处处模仿读书人的样子，学得像个儒生一样，他的母亲这才放下了心。

孟家在镇上居住，仍然过着清贫的生活，孟母靠日夜纺织供儿子上学。有一次，孟轲贪玩逃学跑回家。孟母立刻剪断了织机上还没有织成的布，教育儿子说："机上的布一线线织成寸，一寸一寸织成尺，一尺一尺织成丈，你的学业也是一天一天积累的。我机上的布没有织成剪断了，就和你的学业半途而废是一样的。"孟轲从此觉悟，勤学不倦，终于成长为名垂后世的"亚圣"。

孟母教子的故事流传千年不衰，孟母也成了教子成才的伟大母亲的典型。因此，到孟子家乡，沿孟母三迁的纪念地走一走，在"孟母断机处"碑前默立沉思一番，对于中国传统家教中的精华是会心领神会而有的收获的。

清代诗人施润章有《谒孟子庙》一诗：

> 垒垒峄山巅，终古栖灵异。
>
> 岩岩一人起，方寸塞天地。
>
> 独立荾群言，诸儒折狂喙。
>
> 俎豆同孔颜，宫墙接诛泗。
>
> 灵旗俨翱翔，凌虚入云际。
>
> 母氏断机堂，有像若长跪。
>
> 彷徨复下拜，怆然坠我泪。
>
> 石井湛寒泉，古捻含贞翠。
>
> 谁为企前修？吾党有余愧。

庄子钓台

　　庄子（约公元前369-约前288）战国时哲学家、文学家。名周，宋国蒙（今河南商丘东北）人。做过蒙地方的漆园吏。家贫，曾借粟于监河侯（官名），但拒绝了楚威王的厚币礼聘。他继承了老子的哲学思想，含有朴素辩证因素，主张道法自然，清静无为，但齐万物、同生死、无是非、安时顺处的观点又走上相对主义和宿命论。著有《庄子》52篇（今存32篇），无论在哲学还是文学上都有很高的价值，对后世产生了十分深远的影响。

　　庄子钓台在菏泽地区鄄城一带。明代李先开曾游庄子钓台，并写有《庄子钓台》一诗：

> 路园为吏早知归，濮上垂纶愿不违。
> 浦树千秋依断岸；汀浦一曲带斜晖。
> 掉头往事随流水，曳尾何人间钓矶！
> 独傍南华台上望，逍遥天外大鹏飞。

　　此诗通过描写钓台浦树依岸，汀蒲斜晖的景致，流露了对庄子的忆念和仰慕之情。

　　清代胡唯一是在观庄子钓台的怀古之作《庄子钓台》诗，通过对庄子的逍遥玩世、任性适志思想的赞颂，含蓄地表露对一个理想社会的渴求。胡唯一《庄子钓台》诗曰：

> 攘攘几陵谷，荒台犹未沦。
> 逍遥聊玩世，鱼我竟谁真？
> 秋月悬钩影，游丝驻钓缗。
> 坐观徒有羡，何处觅天民？

梁山及《水浒》村庄、《水浒》陈列馆

施耐庵的《水浒》在中国是家喻户晓，而鲁西南这一方土地，更是处处有与《水浒》相关的名胜。梁山坐落在梁山县城东南，本名"良山"，后因汉文帝次子梁王刘武死后葬于山麓，遂更名为"梁山"。北宋宣和年间，宋江在此起义，后经施耐庵根据这一段史实，创作出一部长篇小说《水浒》来，而使得梁山，扬名天下。如今的梁山虽经沧海桑田的变化，梁山近旁已无"水泊"，但是梁山仍然充满着《水浒》故事。如果去梁山游览，从山下到山上处处有《水浒》的景点。刚刚登山就可见到"断金亭"。当年朱贵引林冲上山，林冲先被断金亭周围的景色吸引，后来林冲为纳晁盖、吴用、阮氏等七位好汉入伙，就在此亭上火拼了嫉贤妒能的白衣秀士王伦。

至半山腰，两侧悬崖陡峭，中间夹一个隘口，形势险要，这便是"黑风口"，在此周围有黑旋风李逵塑像，有孙二娘脚印石迹，有新建的黑风亭。梁山主峰虎头峰，山顶开阔平坦，东、西、南三面危岩壁立四周有两道内外石砌环山寨墙，北侧有两重扭头门。这便是当年水泊梁山的主寨，人称宋江寨。

宋江寨中有一座近年恢复建成的忠义堂，是当年梁山好汉商议军情，调兵遣将，排列座次的地方。原来叫作"聚义厅"，托塔天王晁盖中箭身亡之后，宋江主持改名为"忠义堂"。现在院中高悬"替天行道"杏黄旗，堂中陈列虎皮交椅和各种兵器，俨然当年气象。忠义堂后有台，相传是吴用观天象的地方。后来小李广花荣站在台上，一箭射中空中飞行的大雁，众人佩服称绝，从此称这台为"雁台"。

此外，山上有关《水浒》的景点还有：宋江马道、炮台关、旗杆窝、宋江井、左右军寨、滚石檑木关、试刀石、疏财台、点将台、比武场、练武场、赛马场等等。

梁山县有些村庄，村名或者村中流传的故事，牵连着《水浒》书中之事，不妨称他们为"《水浒》村庄"。

十里杏花村在梁山脚下，是《水浒》中描写王林卖酒的地方。村中有一口八角琉璃井，传说当年王林用这口井的水和村中的杏花酿成了溢香十里的"杏花酒"，引得镇守黑风口的李逵光顾酒店，开怀畅饮，这才演出了"李逵负荆"的

故事。石碣村，是《水浒》中阮氏三雄的故乡，如今改名石庙村，村中300户人家，有110户人家姓阮，都自称是阮氏三雄的后裔。村中有座"三贤殿"，供的是阮氏三雄的塑像。村中更有许多阮氏三雄的故事世代相传。梁山南麓的拳铺村，原名"船住堡"，简称"船堡"，曾是梁山好汉的靠船码头。因为朱贵开设酒店，过往客商也在这里落脚打光，逐渐店铺增多，发展为集市。当地村民，为了免受欺侮，纷纷仿照梁山好汉习武练拳，店铺成了拳铺。四乡百姓风传："要习武，去拳铺。"久而久之，"船堡"就易名"拳铺"了。关于朱贵开酒店，村中流传着几句歌谣："朱贵开店在拳铺，门前有棵小槐树。朱记酒帘高高挂起，招来四方客商住。"现在，拳铺街心道旁，长着一株合抱古槐，人皆道是当年朱贵酒店的小槐树。梁山北麓，在1983年成了一座《水浒》陈列馆。馆内有国内几十位著名画家的水浒人物肖像画，其中有宋江、林冲、鲁智深、武松、李逵、阮小七等，个个画得栩栩如生。更有一幅《水浒英雄聚义图》，长4米，宽2米，画尽了一百单八将的英雄风采。陈列馆的展柜里存放着中外各种版本的《水浒》人物单本、连环画、传说、改编剧本、专家研究《水浒》的论著与资料。馆藏出土文物，也与《水浒》有关，忠义堂遗址出土的汉砖、汉瓦，证明早在汉代山上就有了规模宏伟的建筑，宋江等人在此安营扎寨只不过是选了个前人选定的好去处。宋江家乡出土的大酒坛，褐色花纹衬托着诗句："隔壁千家醉，开坛十里香。"与元代水浒戏中形容杏花村王林酒馆的透瓶香酒的字句完全相同。

景阳冈与武松打虎

阳谷与梁山相邻，但是中间隔着黄河。《水浒》里写武松经过景阳冈，在"三杯不过岗酒店"饮酒十八碗，带醉过岗，打死"斑斓大虫"，为民除害，也救了当地的那些被勒令限期打虎的猎户。今日景阳冈在县城东南17公里处，有一村庄名景阳村。一条东西大路穿西而过，在村西路北，有一黄土沙岗，便是景阳冈，传说这地方曾是古木参天，沙丘起伏，人称"九岭十八崮堆"，常有虎狼出没，这才演出了武松打虎一段故事。景阳村中现有碑楼一座，碑上刻着"武松打虎处"五个大字，传为明代遗物。

景阳冈上原有在宋时修的一座山神庙，清末翻修。村中人敬重武松，将山

神请回山野中去，倒出供座，塑了武松的像。从此改为武松庙，于是瞻仰者、朝拜者不绝，香火极盛。现存的这座武松庙是1958年重新修建的，庙内有八幅反映武松生平的壁画，一座武松打虎塑像。店东二三百米处竖一碑碣，上书"武松打虎处"。

当地传说，武松打虎是经过三次。第一次是在阳谷县城西南三十里，武松遇见老虎咬死客店一匹马，武松挺身与虎搏斗，老虎被赶跑，后人称此为"斗虎店"。可是这只虎跑到城西北三十里，酣然而卧，人们把这个地方起名为"睡虎"。第二次武松遇到这只老虎时，是在城东南三十多里的地方，经过搏斗，老虎又向南逃去。人们在这个地方雕塑了一只石头虎，村名就改为"石虎"。第三次武松在景阳冈与虎相遇，终于将其打死。

景阳冈村中有百十户人家，相传就是当年本地的猎户，他们说起武松来，至今佩服不已。

西门庆修建的狮子楼

《水桥》写武松杀西门庆是在"狮子桥下大酒楼"，那楼上有可以设座吃酒的"街阁儿"，并没说出那楼的名号。在阳谷县的民间传说中，却把这楼说得活灵活现。相传，狮子楼为西门庆所建。当年西门庆早已是家有三房六妾，却还要去抢城里西街"怀德堂"药铺的民女赵秀姑做妾，他杀了秀姑之父赵润春。秀姑心怀杀父之仇，宁死不当西门庆之妾，放火烧了西门家中的鸳鸯楼，撞墙自尽，于烈火中焚身。西门庆做贼心虚，请和尚躯鬼净宅，并在赵秀姑焚烧的鸳鸯楼旧址上建起了七座高楼，楼前放四只石狮于镇邪，名为"狮子楼"。因此这座楼在县城中心，商贾云集，便设酒座于其中，做成一处买卖。楼的正面大门，左右各悬匾牌，右书"食德"，左书"饮和"。楼上不招待客商，只供西门庆饮酒作乐。

旧阳谷城十字街首，坐西朝东，果有一座狮子楼，那是地方为应对《水浒》与传说而修建的。十年动乱时被毁。近年县里请同济大学教授陈从周重新设计，在原址上重建了狮子楼，仿宋式样，雕梁画栋，门前也依旧样，放置四只大狮子。楼匾为茅盾题写，面对长街，成了著名的《水浒》旅游景点。只是，如今楼上不设酒座而陈列有关《水浒》的书画作品。

郓城县传说中的黄泥岗

《水浒》第十六回，写吴用设计在黄泥岗智取了杨志押送的生辰纲，那岗也只是一道"土冈子"，只是有满处的松林。如今，郓城县东有一个名唤黄堆集的村子，建在高出地面数尺的黄土堆上，地势高低不平，周村树木葱茏，传说就是黄泥岗旧址。村旁有一座五圣庙，明万历年间重修时留下了碑文，其中描写庙周围环境的文字绘形绘色地详细，为："被顾比肩梁山之巅，南瞰下卑巨野之波，东襟通汶济水之津，西带接壤丘帝丘之墟，中央堆突坦荡，四周隐隐伏伏，纵横广袤，支连于金线岭之脉……宋徽宗崇宁间，环梁山八百里皆水也，堆北距梁山六十里许，为水浒南岸，古称黄土岗，即此处也。"

黄泥岗附近，更有一个白垓村，传说就是智取生辰纲时"那个挑酒的汉子"白日鼠白胜的故乡。村中人都说，那白胜有跨屋越脊穿墙附壁的功夫，劫取土豪劣绅财物犹如探囊取物，光天化日之下作那种事件，从未失手败露，因此才得了"白日鼠"的外号。他白日取了富豪家的财物，夜深人静时化装成"白衣大仙"，挨家挨户，分送给穷苦人家。后来这村的群众每逢过年（春节）家家户户都在上房设"白神"牌位，供奉白胜。

郓城水堡镇是宋江家乡

梁山泊头领"呼保义"宋江的家乡，人皆指定为郓城水堡镇。在元代杂剧《坐楼》中，宋江也曾唱道："家住水堡在郓城，姓宋名江字公明。"

今天的水堡镇，西面紧靠黄河大堤，东靠深邃连绵的潭水，村内街道纵横，显示出一种古老的风貌。镇东南隅，自古多宋姓人家居住，称作宋庄。宋氏的家谱中有宋江的名字，排在二世祖的行列里。村旁有一座古老的名单，其中有不少姓宋的人，确凿证明宋金之间宋家便在这里安家落户。

水堡流行着许多关于宋江的故事，说宋江兄弟四人，他排行老三，自幼入塾攻读，勤奋好学，聪明过人，三年通背四书五经，过目成诵，提笔成篇，年方弱冠，便中了秀才，并且至诚至孝，为邻里乡亲交口称赞。

济宁的太白楼与李白

李白（701-767），在开元二十四年（736年）由湖北的安陆移家东鲁，寓居他叔父当县令的任城（济宁市）在这里购置了田产和酒楼，安置了眷属。他和许氏夫人相依为命，家境温饱而和谐。小儿伯禽在这里出生，女儿平阳在这里长大。直到乾元二年（759年），离鲁赴楚为止，在这里度过了23个春秋。

济宁位山东于大运河中段，太白楼在济宁旧城墙上，两层飞檐，歇山，高20余米，总面积4000余平方米。《太平广记》有记载："李白自幼好酒，于兖州习业，平居多饮，又于任城县构酒楼，日与同志荒宴。"相传，所构，即今太白楼。但是另据《山东通志》记载：太白楼原名贺兰民，并非李白的旧居，因当年李白常在此宴饮，后人敬重李白，称之为太白楼。传说虽然不同，但都与大诗人李白有着密切的关系。

太白楼在元世祖忽必烈至元二十二年（1285年）进行过大规模的重建。不久，元代赵文辉曾登上刚刚重修过的太白酒楼，缅怀李白，并写有《登太白酒楼》一诗：

> 火冷昆明栋宇新，笑谈应觉半天闻。
>
> 坐遥采石江头月，卧看徂徕顶上云。
>
> 寓意自知非嗜酒，伤心谁与共论文？
>
> 骑鲸一去今何处？云海茫茫澹夕醺。

到了明代因原来太白楼狭小，"广不逾数席，瓦缺椽蠹"，明太祖朱元璋洪武年间移建于济宁南城墙上，才具有现在的规模。明朝开国元勋之一、明初诗文大家刘基（1311—1375）曾登太白楼凭吊李白，写有怀古之作《登太白楼》：

> 小径迁行客，危楼舍酒星。
>
> 河分洸水碧，天倚峄山青。
>
> 昭代空文藻，斯人竟断萍。

登临无贺老，谁与共忘形。

清代谈迁（1593-1657），明清之际史学家。他登临太白楼时的吊古之作《李太白酒楼》中，表露了因楼怀人，寄寓着知己欢聚，鄙视富贵的清高思想：

突兀云端旧酒楼，谪仙未脱骕骦裘。
主人大胜临邛令，客子何烦万户侯。
明月翰林来采石，春风从事得青州。
尔来虽有王孙棹，那解平原十日留。

在太白楼东侧有一浣笔泉，传说是李白当年浣笔的地方。清诗人牛运震（1706-1758），曾写有《浣笔泉》一诗：

城外双池傍古台，开元才子此徘徊。
一湾流水人何在？满树鸣蝉我又来。
晴日泉花堪洗笔，江天月影更衔杯。
怜君一去风骚尽，怀抱千秋谁共开？

今天的太白楼虽然不再是可以饮酒场所，但楼的周围仍多酒馆、酒庄，参观了太白楼中的文物展览，就近择地饮酒，正可以体会"李白斗酒诗百篇"的豪情。

济宁兖州与杜甫

杜甫在开元二十四年和天宝三载曾两度旅鲁，在这里度过了他一生中最"快意"的一段生活。他的足迹遍及今兖州、济南、临邑、德州、泰安、济宁、曲阜、泗水、邹县、单县、汶上、菏泽等十几个县市。这个时候，正是杜甫的父亲杜闲任兖州司马，他的弟弟杜预也主管过临邑县的河防工作。

杜甫的最早五言律诗《登兖州城楼》就是在里写出的：

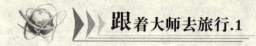

> 东郡趋庭日，南楼纵目初。
>
> 浮云连海岱，平野入青徐。
>
> 孤嶂秦碑在，荒城鲁殿余。
>
> 从来多古意，临眺独踟躇。

开元二十五年（737年）杜甫来兖州省视父亲，乘便登城楼游览。在这首诗里，把兖州的风光古迹，描绘得多么淋漓尽致！它严谨的结构和工稳的格律，曾为许多诗家所推崇效法。杜甫也去过任城（济宁），与许主簿同游济宁城东南的南池，回到兖川就写了《与任主簿游南池》，抒发了思乡的情怀：

> 秋水沟通沼，城隅进小船。
>
> 晚凉看洗马，森木乱鸣蝉。
>
> 菱熟经旬雨，蒲荒八月天。
>
> 晨朝降白露，遥忆旧青毡。

杜甫在这里与许多朋友交往，他在此也曾写有《刘九法曹郑瑕秋石门宴集》《题石门张氏隐居》等诗。当然杜甫与李白的友谊更深，杜甫比李白小十一岁，凝为珍贵的忘年交。唐天宝三年（744年），在洛由杜甫与李白结识。现在他们都辗转来到山东，他们的交往更深了。他们先后同游梁、宋和齐鲁等地。可以说山东是"李、杜生辉之城"。

745年晚秋，杜甫取道洛阳西去长安，李白却南下江东。此后这两位大诗人再也没有见面。李白在曲阜城东的石门饯别的时候，李白写了这首送杜甫的诗《鲁郡东石门送杜二甫》：

> 醉别复几日，登临遍池台。
>
> 何时石门路，重有金樽开？
>
> 秋波落泗水，海色明徂徕。
>
> 飞蓬各自远，且尽手中杯。

杜甫，因排行第二，故称杜二甫。诗中叙述了两人遍游石门山水台阁，远眺泗水秋波，徂徕组山色以及为离别而开樽痛饮的情形，洋溢着依依惜别的感情。

淄博的孔子闻韶处

公元前517年，孔子来到齐都临淄城，有一天，信步来到韶苑，听到苑中正演奏《韶乐》。他一下子被带进了奇妙的音乐世界中，听罢演奏，感叹赞美："尽美矣，又尽善也！"并且，此后好长时间，每想起《韶乐》，激动不已，以至于"三月不知肉味"。

孔子闻韶的具体地点在哪里呢？《临淄县志》记载："相传嘉庆年间（1796-1820），于城东枣园村，掘地得古碑，上书孔子闻韶处。后又于地下得石磬数枚，遂易村名为韶院。至宣统年间（1909-1911），古碑已无下落。本村父老恐古迹淹没无传，故另立石碑，仍刻孔子闻韶处。宣统三年（1911年）重刻的"孔子闻韶处"碑，仍然立在韶院村中，碑的左右还有两方小的石刻，左为"乐舞图"，画面上两个人席地而坐，一个在吹奏横管乐器，另一个端坐大方，作细心倾听状，若似孔子赏乐。下面刻两位舞女，舒展长袖，飞旋彩带，娜娜翩翩；右侧刻"韶乐"与"孔子闻韶"短文简介。据考证，此地果然就是盛齐时期歌舞乐伎们居住、学习、排练、演习的教坊之地。另据考证，孔子在齐所闻之韶并非周《韶》，而是依齐国统治者的指导思想，随当地民族民俗，用当地的乐舞素材，经当地乐舞大师们充实、改编、完善，从而已是齐国化了的《韶》。演奏这种《韶》所用的乐器，已出土和见于记载的，有缶、笙、管、箫、筑、钟、铜鼓、铃等。

淄博的蒲松龄故居"聊斋"

蒲松龄（1840-1715），字留仙，号柳泉居士，清代著名作家、少时即有才华，多次科举不中，七十一岁始成贡生。由于家庭贫寒，对人民生活有一定的接触，以数十年时间，写成短篇小说集《聊斋志异》，此书使他名满中外，被称为"短篇小说之王"。此外，他还著有《聊斋诗集》《聊斋俚曲》等。除一度在江苏宝应县做过幕宾外，都在离家不远的西铺村毕家私塾授徒。蒲松龄的故居在

123

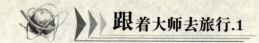

淄博市淄川区洪山镇蒲家庄。蒲家庄街巷大半保持了旧格局，旧式的门楼，古老的槐树，竖在街角的碌碡，留在村口的石春臼，勾人忆往昔。蒲松龄的故居的大门与左邻右舍排在一起，也使人觉到了这位老先生当年与乡亲和睦相处的种种情景。故居主体部分是一座清代的民房，坐北朝南，前后两进，南一进临街，穿过八角门，进入第二进，就是蒲家正房，房门左右和当地农家一样，各栽一株石榴树，南墙种一架金瓜。传说这便是蒲松龄出生的地方。现在，房子里悬挂着蒲松龄研究学者路大荒手书的"聊斋"匾额，陈列着蒲松龄当年在西铺村坐馆当塾师时用过的桌、椅等几件家具，和他搜集命名的海岳石、三星石、蛙鸣石，室内悬挂的蒲松龄画像，也反映了当时人的一种风尚，画像时，蒲松龄74岁，他身着公服，手捻胡须，并且自己在画像上写下了题词："尔貌则寝，尔躯则修，行年七十有四，此两万五千余日，所成何事？而忽已白头，奕世对尔子孙，亦孔之羞。"这正如现代人之自题小照。两旁悬郭沫若撰书："写鬼写妖，高人一等；刺贪刺虐，入骨三分。"室内陈列有蒲松龄用过的桌、椅、床、几和两方端砚。西院还有著作展室、蒲松龄研究展室。蒲松龄曾写有《聊斋》一诗；

> 聊斋野叟近城居，归日东篱自把锄。
> 枯蠹只应书卷老，空囊不合斗升余。
> 青鞋白袷双篷鬓，春树秋花一草庐。
> 衰朽登临仍不废，山南山北更骑驴。

此诗描写了蒲松龄自己晚年的生活和志趣：老死书卷，囊空无余，青鞋白袷，栖身草庐，但仍把锄种花，骑驴邀游，鄙视功名利禄，甘居贫困。

枣庄荀卿墓

荀荀子（约公元前313-前230），战国末思想家、教育家、儒学大师。名荫，时人尊而号为"卿"。赵国人。游学于齐，后为祭酒（学长）。继赴楚国，由春申君用为兰陵令。后著书终老此地。韩非、李斯都是他的学生。若有《荀子》三十二篇，又有赋五篇，约数万言。荀卿墓在旧峄县东五十里，故兰陵城南。峄县于1960年撤销，改为枣庄市。兰陵在今枣庄市峄城镇南。李白在开元二十四年初游东鲁曾到过兰段，并写有《兰陵客中》一诗：

> 兰陵美酒郁金香，玉碗盛来琥珀光。
> 但使主人能醉客，不知何处是他乡。

明代李华曾写有《荀卿墓》诗：

> 古冢萧萧鞠狐兔，路人指点荀卿墓。
> 当时文采凌星虹，此日荒凉卧烟雾。
> 卧烟雾，愁黄昏，苍苍荆棘如运屯。
> 野花发尽无人到，唯有蛛丝罗墓门。

高密郑康成祠与经学大师郑玄

郑玄（127-200），字康成，东汉高密郑公乡人，是我国古代著名经学创始人。郑玄23岁，西入函谷关，拜扶风经学大师马融为师。几年后，郑玄学成，又游学山东各地。郑玄一生不求仕进，唯以注经授徒为务。儒家经典中许多著作多由他注释或笺疏。如《周礼》《礼记》《诗经》等。62岁时，隐居在崂山不其山山下，构筑康成书院。康成书院，明代尚存。解放后，这里修建一座水库，名之曰：书院水库。郑玄于汉献帝建安五年（200年）六月卒，年74岁。在高密郑公乡有郑康成祠。后人写有楹联：

> 微言守遗，当奉大师为表帜；
> 实事求是，敢从二代问薪传。

丘处机咏崂山诗

崂山位于青岛市区东南30公里处。崂山是中国著名的道教圣地，与四川青

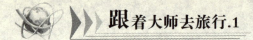

城山、湖北武当山齐名。太清宫位于崂山东南，是崂山历史最久、规模最大的道院，始建于西汉，现有殿宇150间，分三清殿、三官殿、三皇殿三组，被称为"道教全真天下第二丛林"。

据《太清官志》载，南宋庆元元年（1195年）丘处机，来太清宫讲道传玄，宏阐教义，留诗21首，镌刻在太清宫三皇殿后之巨石上。现录三首：

> 烟岚初到上清宫，晓色依稀途径通。
> 才到下方人未食，坐观山海一鸿蒙。
> 云烟惨淡雨霏微，石洞留人不放归。
> 应是洞天相顾念，一生搓成到来稀。
> 云海茫茫不见涯，潮头只见浪翻花。
> 高峰万叠连云秀，闲人欲去更相留。

该刻石，字径10厘米，笔画端正苍劲。刻石时间是庚寅年，即1230年。这时丘长春已逝世四年之久。与题诗时相距35年，可见此刻石是由太清宫道人代笔上石镌刻。

现在三皇殿内的廊壁上还镶有两块石牌，是元世祖成吉思汗颁布给全真教门派创始人"长春真人"丘处机的圣旨和金虎符牌全文。

在白龙洞石壁上也刻有丘处机咏崂山七绝诗20首，共52行，是崂山保存最完整、刻工最佳的摩崖。栖岩洞主紫悟真是刻石工程的主持人。现将其序并诗摘录如下：

东莱即墨之牢山，三周大海，背负平川，巨石巍峨，群峰峭拔，真洞天福地，一方之胜境也。然辟于海曲，举世鲜闻，其名亦不佳。余自昌阳（莱阳）醮归，抵于三城永真观，南望烟霭之间隐隐而见，道众相邀，迁延数日而方届，遂吟诗20首，易为鳌山，因畅通风云尔。栖霞长春子书。

> 五岳曾经四岳游，群山未必可想侔。
> 只因海角天涯背，不得高名贯九州。
> 重岗复岭势崔鬼，照眼云山卒作堆。

路转山拗三百曲，行人一步一徘徊。

三围大海一平田，下锁金鳌上接天，

日夜潮头风辊雪，彩云深处有飞仙。

牢山本即是鳌山，大海中心不可攀，

上帝欲今修道果，故移仙迹近人间。

蒲松龄在崂山

清康熙十二年（1673年）蒲松龄34岁时来到崂山，因无钱居住太清宫的宽敞、舒适的客房，只得借居于太清宫中的关岳祠内一席之地，放一张睡榻。山中变幻的景色，道观中的古木异花，触发了他的创作灵感。他白天漫步山林，徘徊海滨，夜晚就在一神案作一角，点燃小油灯，伏案疾书。

遂留下惊世名篇《崂山道士》与《香玉》。

《香玉》写的建是一个来崂山太清宫读书的黄生与白牡丹花仙香玉相爱的故事。几经周折，后来在绛雪姑娘的帮助下，终成眷属。相传，蒲松龄在《香玉》中描写的两位女主角之一香玉，是根据上清宫中的一株白牡丹而写。当时就有白牡丹羽化的传说。可惜这株名花已在清末毁于兵燹，今只有两棵"银杏王"健在。另一位女主角红衣仙女绛雪，所据的是太清宫三宫殿殿前的一株大耐冬（山茶）而作。此树今日犹在，高4米，树围17米，树龄总在500年以上。相传是道教张三丰云游四方时，由武当山携来栽下的，今树下立"绛雪"石碑一方。采绛雪嫩叶制茶，据说香味特浓。

蒲松龄还写过一首诗《崂山观海市》，此诗形象而生动地描绘了崂山海市蜃楼的奇异景观。

镌刻在崂山石壁上的高凤翰的《看瀑布诗》

高凤翰（1683-1749），比蒲松龄小十岁，他在四十一岁时曾为蒲松龄题《聊斋志异》，对蒲松龄的境遇寄予极大的同情。诗云：

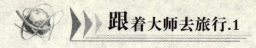

生抱奇才不见用，雕空缕影摧心肝。

不堪悲愤向人说，呵壁自问灵均天。

高凤翰，字西园，晚号南阜山人，山东胶州城南三里河村人。他的诗、书、画、治印、凿砚，都是祖国文化艺术宝库的瑰宝。少年时代，他就工书画篆刻，诗才尤为敏捷，为时人所推重。时人认为他的诗得苏轼、陆游之遗。高凤翰在四十年余间，写有近3000首。南阜诗文集行世刻本有多种，山东省博物馆保存的乾隆写本《南阜山人全集》是比较完善的本子。

在康熙五十七年，高凤翰36岁那年秋天，畅游崂山，到上清宫，过华严寺，观其藏书，登巨峰绝顶，涉九水，足迹所至，皆有咏诗。至今，在崂山鱼鳞瀑观瀑亭旁的石壁上，镌刻着当年高凤翰的《看瀑布诗》：

洞水从天下，奔流万派喧。

跳珠凌水末，飞雪灭云根。

寒欲生毛发，清真洗梦魂。

时逢采药者，或恐是桃源。

在北九水鹰巢涧的高大石姑崮上镌刻着高凤翰的《鹰巢涧》诗：峭壁千寻立，鹰巢识旧名。

石花披锦兰，雪窦射云明。

何当荷长铲，岩下劚黄精。

青岛康有为故居及康有为墓地

康有为（1858-1927）近代戊戌变法领袖、诗人。有《南海先生诗集》。

康有为故居位于青岛市福山支路5号，背依小鱼山，面临汇泉湾。从1923年起，康有为始在此居住。他所购住的楼屋恰是当年德国占领青岛初期提督官邸的一部分。

1924年康有为写了《甲子六月领得德国旧提督楼》一诗，记述了得到新居的心情：

截海为塘山为堤，茂林峻岭树为齐。

庄严旧日节楼在，以落吾家可隐栖。

康有为认为，"青岛绿树，碧海蓝天，中国第二"。1924年康有为重游青岛时曾写有《重游青岛付同凝》诗一首，云：

海气苍苍岛屿回，山巅楼阁抗崔嵬。

茂林峻岭百驰道，又入仙境画里来。

康有为故居是一幢二层楼房，康有为将其题名为"天游园"，是由康有为自号"天游化人"而来。现对外开放展室的陈列分为两部分：前一部分是康有为生平介绍与戊戌变法专题展览；后一部分是故居复原陈列，共有三个展室，分别展出康有为的遗物和随葬品，康有为生前收藏的中外文物珍品，康有为的书法作品。其中尤为珍贵的是他生前收藏的世界各国工艺品，有意大利的雕塑，荷兰的挂碗，西班牙的软剑，挪威的画盘，埃及的水银镜，波斯的地毯，锡兰的贝叶经琳琅满目，简直是一座微型的世界工艺品博览馆。

1927年3月31日，他在此逝世。死后葬于他自择的墓地青岛象耳山。1985年迁葬于青岛前海浮山之阳大麦岛村。1985年10月27日，在康有为新墓地隆重举行迁葬和墓碑揭幕仪式上上，康有为的弟子、当代艺术大师刘海粟致词后朗诵了他连夜赶写的《南海康师迁葬感赋二律》，谨录如下：

华夏疮痍痛陆沉，公车忧愤集松筠。

一书上阁原非妄，万卷罗胸学是真。

海北天南思国泪，春花秋月故园情。

更新青史新人出，莫为前驱抱不平。

常把真如启后贤，诲人不倦忆师严。

春风满座花如海，秋水连云月在天。

功过分明载史册，诗文彪炳倍当年。

无才愧我空头白，勉写新碑立墓前。

闻一多与一多楼

闻一多（1899-1946），诗人、学者，湖北浠水县人。曾留学美国，学美术、文学。早年参加新月社，先后在青岛大学、清华大学任教。他的诗集《红烛》《死水》成为我国新诗史上的杰作，也由此确立了他在诗坛上的地位。1943年后，积极参加反对独裁、争取民主的斗争。1946年7月15日在昆明被国民党特务暗杀。全部著作由朱自清等编成《闻一多全集》八卷四册。

自1930年夏至1933年夏，闻一多任青岛大学教授，文学院院长、中文系主任。闻一多住的楼房在一片绿林丛中。闻一多故居位于现山东海洋学院内东北角，为一红瓦黄墙，玲珑别致的二层楼房。一条曲折的林中小路从教学楼通至他的楼前。闻一多很喜爱青岛，也曾写过一篇题为《青岛》的散文，对青岛的山光水色进行了诗意一般地描绘。

解放后，为缅怀闻一多的高风亮节，山东大学将闻一多居住过的楼房命名为一多楼。山东迁校济南后，山东海洋学院于1984年将一多楼开辟为"闻一多旧居展室"，并由书法家舒同题写展室匾额："一多楼"。

一多楼前有一座闻一多的石雕像，像体上镌刻有闻一多的学生臧克家撰写的碑文：

"……先生在校，为时仅二年，春风化雨，为国育才。瞻望旧居，回忆先生当年居于斯，怀念之情曷可遏止？爰将所居，命名一多楼，略事陈设，依稀旧容，并于庭院立名，以为永念。俾来瞻仰之中外人士，缅怀先生高风亮节而有所取法焉……"

蓬莱阁与八仙

传说秦始皇、汉武帝先后到胶东大海边，来寻找生长着可使人长生不老的仙草的蓬莱岛，终于没有找得到，便把岛的名字留给了他们寻仙岛的地方，从此世上有了蓬莱。到宋朝在蓬莱城北丹崖山上临海修起蓬莱阁，成就了一方名胜。加上这地方常有神秘的海市蜃楼出现，遂使该地与神仙结下了不解之缘。到后来，广泛流传起八仙由此过海的神话，蓬莱简直就成了不容置疑的八仙的故乡。

蓬莱阁主楼，阁内有一张古旧的八仙桌，桌上放着当地生产的"蓬莱阁仙酒"，八仙桌旁塑着正饮酒的八位神仙，这叫作"仙境产仙酒，仙酒醉仙人"。此后又产名酒，酒名"醉八仙"，引得诗人、书法家赵朴初欣然提笔写下了：

> 美酒能令醉八仙，八仙欢唱舞蹁跹。
> 愿教普酌蓬莱液，长庆和平亿万年。

酒是仙酒，饭菜也名为"八仙宴"。"八仙宴"以海味为主原料，由八个拼盘，八个热菜和八仙汤组成。拼盘是由八仙的八件宝贝组成：汉钟离的芭蕉扇、吕洞宾的宝剑、铁拐李的宝葫芦、曹国舅的笏板、何仙姑的莲花、韩湘子的笛子、蓝采和的竹篮、张果老的拍板。

蓬莱阁与苏东坡的《登州海市》

在山东省蓬莱县丹崖山崖上，是一组闻名中外的古建筑群，包括吕祖殿、三清殿、蓬莱阁、天后宫、龙王宫、弥陀寺等六个建筑单体，各成系统。建造年代亦有先后，建筑面积为一万八千九百平方米。

蓬莱阁雄踞丹崖山的悬崖上，下临波涛滚滚的大海，拔海千仞，气势雄伟，楼、殿、亭、阁形式多样。宋、明、清三代的碑文、石刻遍布其间。这里著名的十大景：海市蜃楼、仙阁凌空、万里澄波、千斛碎玉、晚潮新月、日升高阁、狮洞烟云、渔梁歌钓、铜井含灵、漏天滴润等，十分优美壮观。据考，蓬莱阁始建筑于宋嘉祐元年（1056年），明万历十七年（1589年）重新修建，清嘉庆二十四年（1819年），又予重修。解放后，除龙王宫、弥陀寺部分倒塌尚未修复外；其余均已恢复旧观。宋代科学家沈括在《梦溪笔谈》中有这样的描述："登州海中，时有云其，如宫室台观，城堞人物，车马冠盖，历历可睹。"蓬莱阁的海市蜃楼是闻名古今的

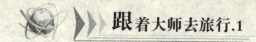

海上迷景。一般在春夏之交出现的较多，尤以清明前后为最宜。

海市幻景是一种大气光学现象。它是在一定条件下，当某地地面逆温较强，出现上下密度不同的空气层，尤其是在冷海面或极地冰雪覆盖的地方，易产生不同密度的空气层，在与太阳同一侧方向上，当物体投射的光线穿过不同密度的空气层，发生折射，或伴有全反射时，就把远处的景物显示在空中或者地面的奇异幻景。在观赏者看来，远方的景物好像在它的上方或下方出现，奇妙无比。

为此，苏东坡还写了一首《登州海市》的名诗，诗前有序：予闻登州海市久矣。父老云："常见于春夏，今岁晚，不复出也。"予到官五日而去，以不见为恨，祷于海神广德王之庙，明日见焉，乃作是诗。

> 东方云海空复空，群仙出没月明中。
>
> 荡摇浮世生万象，岂有贝阙藏珠宫。
>
> 心知所见皆幻影，敢以耳目烦神工。
>
> 岁寒水冷天地闭，为我起蛰鞭鱼龙。
>
> 重楼翠阜出霜晓，异事惊倒百岁翁。
>
> 人间所得容力取，世外无物谁为雄？
>
> 率然有请不我拒，信我人厄非天穷。
>
> 潮阳太守南迁归，岂知石廪堆祝融。
>
> 自言正直动山鬼，岂知造物哀龙钟。
>
> 伸眉一笑岂易得，神之报汝亦已丰。
>
> 斜阳万里孤岛没，但见碧海磨青铜。
>
> 新诗绮语亦安用，相与变灭随东风。

蓬莱阁上的坡仙祠

坡仙祠，即苏公祠，在蓬莱阁上，祠内有苏东坡泥塑像。苏东坡曾任登州太守。后人为纪念苏东坡，在蓬莱阁上建有苏公祠。

清诗人赵执信（1662-1744），清康熙十八年（1679年）进士。任右春坊赞善兼翰林院检讨。有《饴山堂诗文集》。

赵执信曾游苏公祠，并写有《坡仙辞》，通过对苏公祠的描述，表达了作者对苏东坡仰慕之情：

五日登州守，千秋海市诗。

蛟龙留胜迹，雨雪满荒祠。

才觉乾坤尽，名将日月垂。

丹青余想象，漂泊识须眉。

岛翠埠虚牖，檐丝胃断碑。

仙灵几延仁，山鬼强攀追。

黯淡苍苔气，凋残碧树枝。

寿陵归国步，邻舍棒心恣。

遍选丹崖字，谁为黄绢词？

寒山公独在，坐卧我于斯。

酒酹沧波远，吟眈夕照迟。

方平有云驾，肯负执鞭期。

蓬莱城的戚继光祠堂

明代抗倭民族英雄戚继光（1528-1588）世居蓬莱，蓬莱城里今遗留有戚家祠堂与戚家牌坊。

戚家祠堂，又名"表功祠"。在蓬莱城里西南角武霖村。明崇祯八年（1635年），戚继光死后40多年，明廷褒扬他的功绩，赐祠名"表功"。清康熙四十年（1707年）重修，在祠东院树立"忠"、"孝"碑，建立了碑亭。祠堂内原悬有戚继光画像及褒扬其生平功绩的匾联等。

戚家牌坊建于明嘉靖四十四年（1565年），坐落在戚家祠堂南100米处牌坊里街东西两头。东为："母子节孝"坊，系为戚继光的祖母而立；西为"父子总督坊"，为戚继光和他的父亲所建。

跟着大师去旅行·1

孟姜女哭长城故事的源头

号称中国四大民间故事之一的孟姜女哭长城的故事，今天好像已落户在山海关。但是，若追溯这故事的源头，却应该到沂蒙山区的吉县。这县的天宝乡城子岭一带传说是古且于城的一处遗址。

公元前550年，齐庄公伐晋回师，绕道东南袭击莒国，攻且于城时，庄公负伤，又派杞梁、华还夜袭莒国。莒国不愿与各国结仇，与杞梁、华还相遇时，备礼求和。华还礼不许，两军开战，杞梁战死，齐军战败。莒国再次求和，归还了杞梁的尸体。齐庄公回国，欲待在城外为杞梁举行郊吊仪式，杞梁妻大哭，拒绝郊吊，因为按照当时风俗，唯有贱人死后才郊吊，杞梁妻认为丈夫为国捐躯，理应受到隆重的祭吊。杞梁妻哭丈夫的一段故事，代代相传，代代有所改变，到后来终于演变成孟姜女哭长城的一种模式。

东阿鱼山曹植墓

曹植（192–232），字子建，东汉末年建安时期杰出诗人。其父曹操于220年死后，曹丕继位，曹植受猜忌而被严密监视，频繁改换封地而远离京师。魏太和三年（229年）曹植由河南雍丘（今杞县）转封山东东阿，历时四年；太和六年二月，改封河南陈州（今淮阳）为陈王，是年十一月病逝，死谥"思"，故又称陈思王。

河南淮阳有其衣冠冢——思陵冢。曹植病逝后，其子曹志，遵其生前遗嘱，于太和七年（233年）三月，迁葬于山东省东阿县单庄乡鱼山西麓。鱼山在东阿县城南20公里处黄河岸边，因酷似甲鱼静卧而名。它平地突耸立于鲁西平原东部边缘，高约82米，显得巍峨崇翠。

曹植陵前有一幢古建碑楼，前廊朱红门楣上镌刻着"曹植隋碑"四个楷书大字。进碑楼，正面是隋开皇十三年（593年）为曹植所立的曹植墓神道碑铭，该碑顶呈半圆形，为灰白色岩石质，碑文共931字，字体为篆隶兼用，结构严谨，笔力遒劲。文中记载其家世、籍贯、生平、履历，对其品德才学作了陈述和讴歌。无撰者姓氏，碑上镂像难辨。自碑楼东南行，即为曹植墓，坐东面西，北依羊茂平台（传为曹植读书台），南临星落陨石，为傍山营穴，砖土砌成。

其墓茔原封土高约8米，直径约20米。墓顶上空悬崖峭壁，奇石嶙峋，乔木葱郁，翠柏凌空，此墓曾于1951年6月进行了全面发掘整理。墓体由甬道、前室、后室三部分组成，整体设计平面呈"中"字形。

庾肩吾（487–551）魏晋南北朝时期著名诗人。他曾写有《经陈思王墓》一诗，写得非常沉痛：

> 公子独忧生，丘境擅余名。
> 采樵枯树尽，犁田荒隧平。
> 宁追宴平乐，讵想夜承明。
> 旦余来锡命，兼言事结成。
> 飘摇河朔远，飚飙飓风鸣。
> 雁与云俱阵，沙将蓬共惊。
> 枯桑落古社，寒鸟归孤城。
> 陇水哀葭曲，渔阳惨鼓声。
> 离家来远客，安得不伤情。

清代王士祯（1634–1711）著名诗人。清康熙二十三年（1684年），王士祯奉命祭告南海，赴粤途经山东省东阿县鱼山，王士棋感慨其一生怀才不遇，于是在凭吊曹植墓时并作《陈思王墓下作》一诗，以借古抒怀：

> 昔诵君王赋，微波感洛神。
> 今过埋玉地，重忆建安人。
> 名岂齐公干，谗宁杀灌均。
> 可怜才八斗，终古绝音尘。

现今当地政府拟将曹植墓进行维护扩建。景区规划由6个区组成：曹植墓文物保护区，曹植纪念馆，子建祠区，山顶景区，公园区，生活区。1955年已完成

135

修建了墓区围墙，增建了墓区阙门，迁建隋代神道碑楼，修复曹植墓等。

益都县范公亭与范仲淹

范仲淹（989-1052）宋代文学家。字希文，苏州吴县（今江苏吴县）人。与曾任西溪盐官、青州刺史、陕西经略安抚招讨副使、参知政事等职。范公亭在山东省益都县城西门外，原名三官庙，系宋代文学家范仲淹任青州知府时所建。相传范仲淹忽见阳河边涌出"醴泉"，遂筑亭于上。后人为纪念他，故名范公亭。亭正中为醴泉，泉井直径一米，深约五米，泉极旺，水极美。亭背面石柱上刻有"四境著闻行无所事，千年遗址因起自然"的楹联。亭西南有小竹林，亭西北有"唐楸"、"宋槐"各两株。亭后有"三贤祠"，祭祀宋代三任青州太守范仲淹、欧阳修、富弼。祠后有"后乐亭"，以范仲淹"先天下之忧而忧，后天下之乐而乐"文句命名。范公亭一箭之地有"顺河楼"，建于宋代，相传女诗人李清照曾在此寓居。现在，范公亭和顺河楼已修茸一新。从范公亭到顺河楼筑有大路，河上新架拱桥，方便了游览，也美化了风景。

江苏文化名胜

南京秦淮河与唐代诗人刘禹锡《乌衣巷》、杜牧《泊秦淮》

南京是一个河道纵横的城市，而闻名遐迩的秦淮河则是流经南京最长的一条河流。秦淮河分"内秦淮河"和"外秦淮河"两支。内秦淮河，从东水关入城，经夫子庙、镇淮桥，出西水关，长约10里，人称"十里秦淮"。六朝时期，淮清桥至镇淮桥一带的秦淮河两岸，是封建统治者们居住比较集中的地方。秦淮河南岸的乌衣巷曾是东晋王导、谢安两大豪门贵族居住的地方。据《至正金陵志》称：三国孙吴时有禁军乌衣营驻此，遂使此地有了乌衣巷的名称。南京古称金陵。从229年到589年的三百多年间，曾是吴、东晋、宋、齐、梁、陈六个朝代的都会，史称六朝古都。六朝时代的繁华景象，到唐时已经衰落荒废了。刘禹锡在唐宝历二年（826年）由和州（今安徽和县）罢官归洛阳途经金陵时写了《金陵五题》的怀古诗。其中有一首脍炙人口的《乌衣巷》：

> 朱雀桥边野草花，乌衣巷口夕阳斜。
> 旧时王谢堂前燕，飞入寻常百姓家。

刘禹锡用谈谈几笔就把当年乌衣巷一带的兴废盛衰的一幅风情画勾勒出来了。爱国忧时的诗人触景生情，使用前朝由盛到衰的历史教训，来讽喻昏聩的朝廷和抨击反对革新政治的新贵。比刘禹锡较晚的唐代诗人杜牧也曾写下《泊秦淮》一诗：

> 烟笼寒水月笼沙，夜泊秦淮近酒家。
> 商女不知亡国恨，隔江犹唱后庭花。

这里可以看到杜牧生活的晚唐，那种纸醉金迷、歌舞达旦的风气仍然存在着。诗人明斥不知亡国恨的"商女"，更恨那些把十里秦淮的繁华搞得乌烟瘴气的权贵豪富。

新中国成立后，秦淮河两岸面貌一新，并成为市民们进行各种文娱游乐活动的中心。南京至今仍留有乌衣巷和朱雀桥的地名。朱雀桥原是一座浮桥，现在已是一座钢筋水泥桥了。过桥不远，就转进一条曲折狭窄的僻巷，巷口挂有一块"乌衣巷"牌子。如今的乌衣巷是一条极为普通的小巷，不要说"侯门似海"的显赫府第，就连一栋典型旧式的深宅大院也找不见了。附近的媚香楼——李香君故居正在恢复。

南唐二陵与《南唐二主词》

李升（888-943），五代时南唐国的创立者，字正伦，今江苏徐州人。吴天

祚三年（937年）即帝位，改国号为大齐，后改国号为唐，历史上称为南唐。李璟（916-961），南唐中主，著名词人。今只存四首，意境较高。后人把他和其子李煜的词结合在一起，称为《南唐二主词》。南唐二陵在江苏省南京市南祖堂山下，为南唐烈祖李昪和中主李璟之陵，1950年发掘出土，前者规模比后者为大，分前室、中室、后室。中室北壁门上横贯浮雕，墓门上正中有彩绘花纹。后室屋顶有彩绘日月星辰，地上有石雕江河山岳。陵中出土文物有陶器、陶禽、陶俑、陶瓷和玉册金文，具有很高的历史价值和艺术价值。

南京王安石故居

王安石（1021-1086），北宋著名的文学家、思想家。神宗熙宁二年（1069年），被任为参知政事，次年拜相。王安石故居位于南京中山门北白塘内，王安石罢相后即居于此。此地离建康城的白下门七里，正好在白下门到钟山的半道上，故王安石称所居之园为"半山园"。宋元丰七年（1084年），王安石奏请舍宅为寺，宋神宗赐名"报宁寺"，报宁禅寺亦称"半山寺"，王安石也自号为"半山老人"。这里很偏僻，四周均无人居住，正合一心想过隐居生活的王安石之意。王安石非常喜欢这里的自然环境，留下"终日看山不厌山，买山终待老山间。山花落尽山常在，山水空流山自闲。"（《游钟山》）等著名诗文。王安石逝世后，就葬于半山寺后。明初修筑南京城，半山寺被包入城内，划为禁地。现有半山寺殿字数间及半山亭、清代碑刻等。另有古柏一株，相传为王安石手植。半山亭东里许有谢公墩，是东晋谢安居住之地。

有人为王安石的故居半山寺写有一联：

钟阜割秀，清溪分源，咫尺接层楼，叹禁苑全虚，尚留此寺；
谢傅棋枰，荆公宅第，去来皆幻迹，问孤墩终古，究竟何人？

谢傅，即东晋太傅谢安。俞豹《吹剑录》载："王荆公宅，乃谢安所居地，有谢公墩。公赋诗曰：我名公字偶相同，我屋公墩在眼中，公去我来墩属我，不当墩姓尚随公。人谓与死人争地界。"

金陵有个大观园——随园

自曹雪芹创作《红楼梦》问世以后，探求《红楼梦》中大观园原型处所络绎不绝。而与曹雪芹同时代的袁牧认为他的"随园"，即所谓大观园。

袁牧在乾隆四年中进士，乾隆十年任江宁知县，乾隆十三年秋以三百金购隋园，易名随园。袁牧在其所著《随园诗话》中写道："雪芹撰《红楼梦》一部，备记风月繁华之盛。中有所谓大观园者，即余之随园也。"

随园确实与曹家有关。康熙年间，曹玺担任江宁织造。其子曹寅、其孙曹頫都继任此职。雍正年月间，因宫廷内部的倾轧，曹家失势，曹頫被革职并被迫举家迁居北京。继任江宁织造的是隋赫德。他据有了曹家的花园，于是，曹家的花园就成了隋织造园——隋园的前身。曹雪芹是曹頫的儿子，他把自家的花园写进自己的书里是很自然的事。

据记载，随园的规模相当宏大，占地220多亩。东到红土桥，西到随家仓，北到青岛路。这一带原是杨吴城壕的故址，原有许多池塘、野林。随园的布局困山谷高下分为东西三条平行体系，主要建筑在北山，南山有亭阁，中间是溪流荷池。南北高、中间低，形成两山夹一水的格局。随园有许多景点，有古藤满庭的"藤花廊"，有陈方丈大镜的"小仓山房"，有筑室于千岁银杏之下的"因树屋"，有700余株梅花相拥的"香雪海"亭，有潜流甚爽、四时不涸的"澄碧泉"，还有"琉璃世界"、"小栖霞"、"群玉山头"、"鸳鸯亭"等等。

太平天国时，随园被废为耕地。日寇侵入后，将随园残存建筑改为"神社"，祭祀其"天照大神"。如今，一座可容纳10万观众的露天体育场和一座万人体育馆建于随园故址。此地成了江苏地区的体育活动中心。

还有一说，谓江宁织造府的衙署是大观园的真址。曹雪芹就出生在江宁织造府内，对其规模、格局非常熟悉，把它作为大观园的素材是有可能的。

江南织造府是在明初陈理的汉王府和永乐皇帝之子朱熙的汉王府的基础上改建的。1751年，两江总督尹继善为迎接乾隆皇帝南巡，把江宁织造府改建为乾隆南京行宫。此行宫范围很大，东到逸仙桥，西到碑亭巷，南到利港巷，北到长江路、汉府街。至今，中山东路和太平路相交处一带还称为"大行宫"。从保存

跟着大师去旅行·1

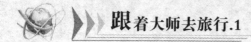

至今的南京行宫图上看，宫内有绿静榭、听瀑轩、判春室、钟中亭、塔影楼、彩虹桥、钓鱼台等胜迹。太平天国曾在此建天王府，清军攻入后，将其焚毁。1984年，南京兴建幼儿教育中心楼，在大行宫小学东南角挖地糟时，发现假山石基、蟠龙图案瓦当、包染织料、烧有"怡"字的残瓷底等。在修建大行宫小学时，曾在校园西北角的亭子里发现一石碑，上有"红楼一角"四字。可见，江南织造府对大观园的构思可能确有影响。

玄武湖与历代文学家

在古城南京的东北，有一个碧波荡漾，风光秀丽的湖泊，这就是驰名中外的玄武湖。传说湖中曾有黑龙腾空，所以称为"玄武湖"。玄武湖自东吴起就是皇家训练水军的场所。假山北面有郭仙墩，为东晋训诂学家郭璞的衣冠冢。六朝时，玄武湖还是皇家园林和猎苑。齐永明年间（483—493），武帝常半夜出猎，或到钟山，或到幕府山，天亮时回玄武湖游猎，听到鸡叫。因此，今武庙闸附近那一段堤称为鸡鸣埭，唐人李商隐《南朝》诗句"玄武湖中玉漏催，鸡鸣埭口绣襦口"，就是指此处。

玄武湖东面还有一段堤，过去叫鸪栖埂。从鸪栖埂通往翠洲的堤就是有名的"十里长堤"。唐代诗人韦庄曾写下"无情最是台城柳，依旧烟笼十里堤"的诗句。历史上有名的梁昭明太子萧统也喜欢在玄武湖游玩，他在湖内建有多处果园和亭台馆阁，并在湖面广植莲荷，常常邀请与自己趣味相投的文人学士荡舟其间，切磋诗文。玄武湖中的梁洲之名，即因此而来。昭明太子泛舟后湖时，番禺侯轨盛称此中宜奏女乐，萧统没有正面回答，却是咏了左思《隐招》诗中"何必丝与竹，山水有清音"。侯轨忏而止。

六朝以后，"金陵王气黯然收"，玄武湖也遭冷落，诗仙李白游湖后，曾有"亡国今春草，王宫没古丘，空余后湖水，波上对瀛洲"的感慨。北宋熙宁九年（1076年），王安石在南京任江宁府尹，为了推行新政，给宋神宗上疏，将玄武湖开为湖田，分给饥民，结果使城市的用水和排水发生了严重的困难。元朝惠宗至正三年（1343年），为了解决水患，仍改变田为湖。

到了明洪武初年，为营造规模宏大的南京城，便利用玄武湖作天然护城河，在湖中旧州（今梁州）上建立黄册库数百间，贮存全国户口簿和全国赋税全书。"江左大家"吴伟业《后湖》诗中的"万年版借重山河"，就是指存黄册之事。

吴敬梓在他的《儒林外史》中也提到了玄武湖。他在三十五回"圣天子求贤问道，庄徵君辞爵还家"中写道："这湖是极宽阔的地方，和西湖也差不多大，左边台城望见鸡鸣寺，那湖中菱、藕、莲、芡，每年出几千石，湖内72只打渔船，南京满城每早卖的都是这湖鱼。湖中间五座大洲；四座贮了图籍……"此段描写极为真实地反映了玄武湖在明清时的情况。

1909年，玄武湖被辟为公园。新中国后，原先孤立的各洲用长堤和桥梁连为一体，并在环洲上兴建了儿童乐园、月季园、湖石山水园等，在楼樱洲上建了展览馆、露天舞台等。在梁洲上兴建了大型花房、盆景馆、溜冰场。在菱洲上兴建了大型动物园。

莫愁湖与莫愁女

莫愁湖在江苏省南京市水西门外，周长56公里，水陆面积共700亩。相传六朝南齐时从洛阳来了一个善歌的美貌善良的少妇莫愁曾住在这里，故名。梁武帝萧衍诗《河中之水歌》："河中之水向东流，洛阳女儿名莫愁。十五嫁为卢家妇，十六生儿字阿侯"。乐府歌词还有《莫愁乐》亦写此事。莫愁女的命运非常不幸，先因父丧家贫，卖身葬父，后远嫁石城（南京）卢家做媳妇。但婚后不久，丈夫便应召调赴辽阳边塞，多年未回。人们同情她，怀念她，使用她的名字莫愁命名此湖。莫愁湖边山上的胜棋楼，始建明代洪武初年，重建于清代光绪十年（1871年）楼上挂有明代中山王徐达画像，正门与中堂之间有一张棋桌，四周有凳。相传为明太祖朱元璋与大将徐达下棋的地方。徐多次获胜，朱便将此楼赠给了他，从此称此楼为胜棋楼。俞樾题联曰：

占全湖绿水芙蓉，胜国君臣棋一局；
看终古雕梁玳瑁，卢家庭院燕双飞。

此外，还有郁金堂、湖心亭、光华亭、荷香水榭等亭台楼阁。郁金堂相传

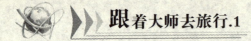

即为莫愁女的故居，内供有莫愁石刻画像和梁武帝为莫愁女题的《河中之水歌》文词。在莲花池中有莫愁女的汉白玉雕像，她双手撩起衣襟，捧着桑叶，神情忧郁，一看就令人同情和尊重。谭嗣同曾撰联如下：

> 身是六朝人，依然乐府江山，谁教忽忽后来事；
>
> 家临九江水，为忆洞庭烟雨，可怜惘惘昔年游。

天王府遗址

太平天国的天王府遗址在南京长江路292号，原为两江总督署和江宁织造署。太平天国定都南京后，大规模地予以重建和改建，以之为天王府。天王洪秀全把这组建筑群描绘得如同人间仙境。他说"京都钟阜，殿陛辉鲜，林苑芳菲，兰桂叠妍，楼阁百层，适阆琼瑶，钟声铿锵，台凌霄汉"。洪秀全深居宫中11年，1864年6月，在此逝世。7月，天京为曾国荃所率湘军攻陷，天王府遭到严重破坏。今存大殿、朝房、二殿和西花园等处。西花园有一花瓶形水池，系用明代城砖驳岸，池中有石舫，长约十米，全用青砖砌成。舫中舱室，精雕细刻，备极华丽。石舫与池岸有两桥相通，舫如浮水中，称"不系舟"。天王府后为国民党的总统府。天王府前有大照壁，北面竖汉白玉石制"太平天国起义百年纪念碑"，为郭沫若所手书。

无锡无锡与唐诗人李绅

李绅（772-846），字公垂，无锡人。曾为宰相，后出任淮南节度使。李绅在元稹、白居易所倡导的新乐府运动中起过积极作用。他早年所作的《悯农》二首最为后世传诵。李绅的少年时代是在无锡度过的。李绅曾在无锡惠山寺读过书，晚年重游书堂，写下了《忆题惠山寺书堂》：

> 故山一别光阴改，秋露清风岁月多。
>
> 松下壮心年少去，池边衰影老人过。

白云生灭依岭岫，青桂荣枯托薜萝。

唯有此身长是客，又驱旌旆寄烟波。

这是李绅出镇浙东节度使时路过无锡时写的诗，他把少年的壮志，平生的荣枯，晚年的羁情和惠山寺的景物交融起来描写，既有早年生活的追忆，也有眼前景物的感触，更有目前身世的感慨，表露了诗人的丰富的情感。

五里湖与明诗人高攀龙

五里湖是太湖的一个内湖，位于无锡城西南，湖面相当杭州西湖的17倍，其景色之美，可与西湖抗衡。五里湖蠡又名蠡湖。传说，春秋时期，范蠡携西施退隐于五里湖，故名五里湖为蠡湖。五里湖的山山水水，秀丽壮观，是超尘脱俗的高人寄情遣怀的好地方。明代著名画家王仲山父子就曾隐居此地。明末诗人、东林党人高攀龙也隐居此地。高攀龙（1562-1626）明无锡人。万历进士。熹宗时官左都御史，因反对魏忠贤，被革职。与顾宪成在无锡东林学院讲学，为东林党首领之一。后被魏忠贤党羽崔成秀派人往捕，他投水而死。善诗文，有高子遗书。高攀龙于明天启三年（1623年），为秦伯撰写的墓碑，至今仍立在无锡鸿山西南坡上的秦伯墓的东侧。高攀龙在五里湖的隐居处分别留有"湖山草堂"和"高子水居"等古迹。"湖山草堂"在五里湖之南的宝界山东北麓。现存建筑六架七间，墙壁和屋面已经过多次翻修，但其木结构以及地砖都是原来保存下来的。位于五里湖东岸的"高子水居"建于明万历年间，几经兴废，最后毁于日本侵略中国的战火中，现在仅存有"水居遗址"一块石刻。五里湖的长桥边有一个中央电视台无锡外景地。它在1988年开放了《西游记》艺术宫，宫内设有电视剧《西游记》的道具布置和花果山、白骨洞等展厅。1900年为拍摄《镜花缘》而兴建了唐城。在唐城已拍摄了电视剧《唐明皇》和电影《杨贵妃》，增设了骊山画阁、歌舞平台等建筑。因此唐城吸引了大批国内外观光旅游者。

跟着大师去旅行·1

慧山泉与皮日休、苏轼、赵子昂

　　慧山泉，在无锡锡惠公园内，位于惠山第一坞——"白石坞"之下。慧山泉，又名"天下第二泉"之称，又名二泉。泉水清洌甘芳，澄澈透明，酿酒煮茗。均为珍品。相传，唐代诗人李绅、元稹及宰相李德裕均好饮此泉水，李德裕尤甚。他利用权势，命令地方官通过驿站，把水送到三千里外的京城长安。对此，唐诗人皮日休曾将李德裕嗜饮慧泉水与杨贵妃嗜荔枝相类比，写诗给以讽刺：

　　　　承相常思煮茗时，郡侯催发只嫌迟。

　　　　吴关去国三千里，莫笑杨妃爱荔枝。

　　宋朝，二泉水声誉更高，苏东坡就写下了"独携天上小圆月，来试人间第二泉"的赞美之词，并向人推荐："雪芽为我求阳羡，乳水君应饷惠泉。"元时，地方官以水谋利，向百姓抽汲水税，以至于泉水干涸。后朝廷废税，方使泉水重又满溢。现存于泉亭壁上的"天下第二泉"石刻就是元代诗人、书法家赵子昂所题。民间艺人瞎子阿炳的名曲《二泉映月》即以泉命题。

苏州寒山寺和夜半钟声

　　寒山寺位于苏州西郊阊门外枫桥镇上，距苏州五公里。寒山寺始建于南北朝梁代的天监年间（502-519），原名"妙利普明塔院"。二百年后，相传唐代高僧寒山和他的好友拾得由浙江天台山国清寺来此居住，后人慕其名，改称寒山寺。寒山寺前的江桥是与枫桥南北相望。一千多年前，赴京赶考落第而归的唐代著名诗人张继的客船就停泊在这两座石拱桥之间的河湾旁。那时正是农历十月降霜后的入冬天气，天将破晓，月儿西沉，宿林的鸦群一阵噪啁。寒霜铺天盖地，好一派冷凄寂寥景象。张继听着两岸寒风中的萧萧，面对江上的渔火点点，寺里悠扬的钟声一缕声声传来，他就是在这样一种难以成眠的境遇里，写下了如下一首情景交融、含蓄动人的千古绝唱：

月落乌啼霜满山，江枫渔火对愁眠。

姑苏城外寒山寺，夜半钟声到客船。

　　这首诗由此使寒山寺蜚声海内外。寒山寺也以夜半钟声闻名世界。跨过江桥，寺前的照壁上有"寒山寺"三个大字。千百年来，寒山寺几经兴废，现存的殿宇为清末重建，主要有大雄宝殿、藏经楼、碑廊、钟楼等。寺外河流映带，石桥高耸，寺内曲栏回廊，绿树黄墙，颇有"曲径通幽处，禅房花木深"之意境。进入前殿，可以看到春风满面、抚掌而笑的凡人一样的寒山和拾得的石刻像。这是清代名画家罗聘、郑文焯所绘。寒山寺碑刻闻名遐迩。寺内碑廊陈列有各种碑刻。其中以《枫桥夜泊》诗碑最负盛名。该碑现存的碑文，是清代书法家俞樾的手笔，字体俊逸流畅。另有历代名人韦应物、岳飞、陆游、唐寅、康有为等人题咏寒山寺的诗文碑刻数十方。游寒山寺必看钟。钟楼立于前殿后院之右侧，共二层，楼上吊着那口大钟，粗可三人合抱，高达一人，铸有"寒山寺钟"四个醒目大字。当然这已不是张诗中所说的那口发出"夜半钟声"的"唐钟"了。唐钟早已不知去向。据《寒山寺志》记载，明代嘉靖年间（1522-1566），本寂禅师铸钟建楼。后来此钟流入日本。在殿的左侧，有一口俗称为"青铜奶头钟"的小型钟，直径尺许，高二尺许。这是日本于1906年赠送的。钟上铸有当年日本侯爵伊藤博文撰写的赠钟因缘："姑苏寒山寺，历劫年久；唐时钟声，空于张继诗中传耳。尝闻寺钟转入我邦，今失所在；山田寒山搜索甚力，而遂不能得焉。乃将新铸一种赍往悬之。"至于现今寺内钟楼上悬挂的这口大钟，为清末仿唐雕铸。此钟被撞击，鸣响长达120秒之久。据说日本民间有种传统习俗：每年除夕，以倾听钟声来辞旧迎新！近年来，日本各界人士不远千里，专程前来苏州聆听寒山寺的那108下夜半钟声，祈盼为之带来吉祥如意！我国唐代诗人张继的名篇《枫桥夜泊》早已编入日本的小学课本，可谓妇孺皆知。

苏州天平山与范仲淹

　　范仲淹（公元989-1052）北宋政治家、文学家。仁宗时，武官任至枢密副

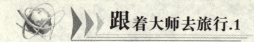

使（相当国防部副部长），文官任至参知政事（相当副宰相）。工于诗词散文，风格较为明健。《岳阳楼记》中"先天下之忧而忧，后天下之乐而乐"的名句，传诵千古。有《范文正公集》。

范仲淹是江苏省苏州人。苏州城西郊有座天平上，山中的怪石、红枫和清泉被誉为天平三胜，但著名的"一线天"也是山中一奇景。天平山是宋朝皇帝赐给范仲淹的家山，由于范仲淹的高、曾、祖、考都葬于此山，所以又称此山为范家坟。后人在山之西麓为范仲淹修建了一座祠堂——范公祠。祠堂里悬挂着康熙年间名家书写的匾额，上题"第一流人物"五个大字。

天平山下有座咒钵庵，据说是范仲淹幼年住过的地方。范仲淹幼时家贫，每日三餐不继，不得不将米煮成薄粥，冷凝后划成四块，早晚各吃两块。这就是"断齑划粥"的故事，范仲淹懂得，非刻苦学习不能有成就。由于他发愤攻读，终于功成名就，二十七岁中进士。

天平山也有人叫它为"万笏山"。如果登上天平山，攀过"一线天"，就会看到参差挺立的石柱。这石柱就像朝官上朝言事所持的手板——笏，于是人们就把这里的石柱林称为"万笏朝天"。苏州名园沧浪亭里供奉有苏州历代五百名贤，其中就有手执笏板的范仲淹。范仲淹是一位忠于君国，同情人民的忠臣良将。他虽然几次遭受过贬谪，朝中又有不少政敌，但他依然"以天下为己任"，"日夜谋虑兴致太平"的君国大事。正如他在《岳阳楼记》中所说的，"不以物喜，不以己悲"，无论"居庙堂之高"，还是"处江湖之远"，忧国忧民之心不变。他的著名的《答手诏条陈十事》奏章，就是他在庆历年间提出的改革弊政的建议，深得仁宗嘉许。在天平山范仲淹故居不远的山麓，有一处别致的园林，清乾隆皇帝为之题名"高义园"。

"高义园"为中心的亭园建筑，倚山临池，景致优雅。山前枫林中的碑亭为八角宝檐，结构精美，内立清朝乾隆皇帝四下江南游此山时写的诗碑，内容多为对范仲淹的赞扬。这里有一段范仲淹的故事。据说，范仲淹为参政知事时，曾命他的次子尧夫将俸禄五百斛麦子，用船载回苏州老家。船过丹阳，尧夫上岸去见父亲的老朋友石曼卿，才得知石曼卿正处在"三丧未葬，二女未适"的愁云惨雾之中，遂将五百斛麦子全部送给石曼卿。石曼卿收下麦子，犹有愁容地说："还不能解决问题呀！"于是，尧父又将载麦的船一并送给他。

不久，尧父北上拜见父亲。范仲淹就问："在江南见到故旧了吗？"尧父如实讲了石曼卿的情况。范仲淹说："何不将麦子送给他！"尧父答："送了。"范仲淹说："这就对了，最好连船一并送给他！"尧父答："一并送了。"范仲淹听了，连声赞赏儿子深知父心。范仲淹晚年，六十一岁时做了杭州知州，他用自己所积蓄的俸禄，在苏州近郊买了千亩良田，名曰"义田"，这个范义庄（今苏州22中学），用义田的收入专门养济族中穷人。宋人钱公辅曾作《义田记》赞扬范仲淹乐善好施。范仲淹父子的崇高义行，被人门传为佳话，有人吟诗作画加以歌颂。现藏于南京博物院的范氏历代家传《麦舟图》就是其中之一。

高义园旧为白云寺，其房舍依山势而建，前后共四进。第一进为岁寒堂。第二进为御书楼，今改名为乐天楼。第三进中悬乾隆御书"高义园"盘龙匾额，人口门上有"日丽云中"门额，月洞门上有"泽被山林"、"智乐"、"仁寿"等砖刻。最后一进为"高义园"大殿。在枫林右侧为范公寺，寺前重新营造了"先忧后乐"坊，造型具有典型的苏州传说风格，全部为石造，三间四柱五楼式。范仲淹组织营筑的海堤被称为"范公堤"，在苏北遗迹犹存，至今为人所乐道。

沧浪亭与诗人苏舜钦

苏舜钦（1008-1048），字子美，梓州铜山（今四川中江）人，曾任大理评事，范仲淹荐为集贤校理等，因在政治上受打击而退居苏州，工诗文，与梅尧臣齐名，风格豪健。有《苏学士文集》。

他有《初晴游沧浪亭》一诗："夜雨连明春水生，娇云浓暖弄阴晴。帘虚日薄花竹静，时有乳鸠相对鸣。"此诗写出了亭边春晴风物，沧海亭在江苏省苏州市城南三元坊内，为苏州四大名园之一，原为五代吴越广陵王钱元璙的花园。宋庆历年间（1041-1048年）诗人苏舜钦购之，并在水旁筑亭，取渔夫"沧浪之水"词，名沧浪亭。后几易其主，南宋时曾为抗金名将韩世忠住宅。齐彦槐曾撰联赞颂：

四万青钱，明月清风今有价；
一双白璧，诗人名将古无俦。

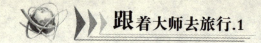

传说苏舜钦用四万铜钱，买下这座别墅，故说"四万青钱"古代以红铜、白铅、黑铅、锡一次配料，铸出的钱币称青钱。诗人名将即指苏舜钦、韩世忠。

沧浪亭元代又改为大云庵，明时又复建。清又两次重建。园内建筑以假山为中心，山上古木参天。山水间筑一复廊，廊中华墙橱窗分隔，山崖水际，欲断还连。廊两端有"面水轩"和方亭"观鱼处"。园内山丘相间，翠竹丛丛，石径曲折盘回。沧浪亭翼然山顶，造型古雅。山南有韩世忠所建明道堂，屋宇宽敞，是园中最大的建筑。北有五百名贤祠，壁上嵌有自周至清代两千多年间与苏州历史有关的名人刻像。瑶华境界、清香馆、藕香水榭等处，景色苍润，自成院落。翠玲珑一带，四面环翠，竹丛中小馆曲幽，倍觉静雅。御碑亭和仰止亭壁上分别嵌有清康熙帝御书碑刻和文征明画像石刻。明代文学家归有光曾著有《沧浪亭记》。

苏州夏侯里与高启《姑苏杂咏》

高启（1336–1374），字季迪，号槎轩，又号青邱子。元末明初著名诗人。在明初诗坛上，高启是一位富有才华而在创作上卓有成就的诗人。

自洪武三年秋离京返吴，到洪武七年39岁去世，高启一直住在苏州。最初仍居青邱，后来住到虎丘附近，不久又移到城南居住，最后定居在城中夏侯里。这四年，他以圣朝退吏，居江湖之上，登山临水，饮酒赋诗，与州郡长官文士往来交游。在回到苏州的最初一年多时间里，他"屏居"青邱，"书籍散落，宾客不至"。闭门默坐之余，阅读地方郡志，寻访山川古迹，探求盛衰兴废，有感而赋诗歌咏，写了由古今诸体凡123篇组合而成的大型组诗《姑苏杂咏》，歌咏苏州山水胜迹，咏史怀古，其中有些作品"足以存劝诫而考得失"（《姑苏杂咏·自序》），在政治上具有借鉴意义。

苏州是诗人的故乡，他的许多诗篇，就植根于苏州的历史和现实的土壤之中。苏州人民的生活，苏州的土风民俗，古迹祠庙，泉石园林，山水花鸟，桥梁墓泵，苏州的历史文物，古老的传说故事，都是诗人取之用不尽的诗材。如《姑苏台》《馆娃阁》《虎丘》《沧浪亭》等，分别赋咏苏州胜迹。又如《采茶词》《卖花词》《照田蚕词》等反映了苏州人民的各种生产劳动和苏州地方古老相传的风俗习惯，很有乡土气息。我们读高启关于苏州的诗，就如同跟随诗人游历古城苏州一样。

唐寅苏州故居

唐寅（1470–1523），字伯虎，吴县（今江苏苏州）人，明代文学家、画家。他自幼聪明好学，善书法、能诗文，尤工山水、仕女、人物画，被称为"江南第一才子"。绝意仕途后在桃花庵隐居。死后葬于苏州城外横塘镇王家村。墓前原有石碑，亭名才子亭。现存遗迹，碑亭及墓碑均已毁。韩获撰有《唐寅墓》联：

> 在苦唐衢常痛哭；
> 只今宋玉与招魂。

唐衢，唐代诗人。屡试不第，所作诗歌意多伤感，见了别人有所伤感的文章，也读后必哭。楚辞《招魂》篇，有人认为是宋玉所作，招屈原之魂。上联概括唐寅自"宸濠之乱"起，佯狂归乡的一段历史。下联暗指清代巡抚、诗人宋荦主持修建唐寅墓的事实。

余陛青在才子亭撰有一联：

> 身后是非，盲女村翁多乱说；
> 眼前热味，解元才子几文钱？

上联说说书人和乡村老翁、野史闲书编造的《三笑姻缘》《唐伯虎点秋香》的故事，并不是事实；下联说唐寅中过解元，但他对这些称呼并不重。

唐寅的故居在江苏省苏州市阊门外桃花坞街，名准提庵，旧有梦墨亭、魁星阁等建筑。现存《桃花庵歌》石刻碑文，曰："桃花坞里桃花庵，桃花庵里桃花仙。桃花仙人种桃树，又摘桃花换酒钱。酒醒只在花间坐，酒醉还来花下眠，半醉半醒日复日，花落花开年复年。但愿老死花间酒，不愿鞠躬车马前。车尘马足贵者趣，酒盏花枝贫者缘。若将富贵比贫贱，一在平地一在天。别人笑我成病癫，我笑他人看不穿。不见五陵豪杰墓，无花无酒锄作田。"

跟着大师去旅行·1

拙政园与唐诗人陆龟蒙

陆龟蒙（？－881）唐代诗人。字鲁望，自号天随子、江湖散人、甫里先生，吴郡（今江苏省苏州市）人。他是败落的世家子弟，举进士不第。一度做过湖州、苏州刺史的幕僚，以后就在松江的甫里隐居。除了皮日休、罗隐、吴融等友好有时相访外，没有其他俗客可以进入他的门庭、干扰他的读书著述。有甫里先生集19卷。宋代人在吴江地方曾建造了一座"三高祠"纪念三位放弃官爵功名、甘于隐退江湖的历史名人，即春秋时越国的范蠡、晋朝的张翰和唐朝的陆龟蒙。"三高祠"坐落在吴江县城外面，直到抗战以前还保存着。

拙政园在苏州委楼门内东北街。是苏州最大的一座园林，也是全国四大古典名园之一。初为唐代诗人陆龟蒙的住宅。到元时已改为大和宏寺。明正德年御史王献臣在此遗址营建，并借晋代潘岳《闲居赋》中："灌园鬻蔬，以供朝夕之膳……，此亦拙者之为政也"之意，取"拙政"二字为园名。后屡易园主。太平天国时期，为忠王府。

全园面积约六十亩，水面约占二分之一。建筑群众临水，形成朴素明朗、平淡雅致的自然风格。全国分中、西、东三部分。中部以水池为中心，水面宽广，以士阜分隔，山阜抱水似二岛，山上构有雪香云蔚霜亭，林土茂盛，丛竹翠滴。池南的远香堂四面凌空，为全国之冠。堂东南的园中之园枇杷园，明静典雅，自成一体，透过月洞门、嘉实亭、雪香云蔚亭巧得环中。其西为小沧浪、小飞虹所成水院，匠心独运。池北见山楼，三面环水，昔为李秀成的军机处。登楼可至道盘山架阁，南轩与香洲隔水相望。此外，听松风处、得真亭等，重廊复阁，小巧精致。西部布局紧凑，主体建筑鸳鸯厅是由三十六鸳鸯馆和十八曼陀罗花馆组成。厅东宜雨亭，翼然山顶。厅西北留听阁，临水而建。池北山阜绿荫蔽日，登临园中最高处的浮翠阁眺望，满园葱翠。东部兰雪堂、芙蓉棚、天泉亭、放眼亭、称香馆等疏朗明敞。远香堂有一联很有意蕴：

> 曲水崇山，胜迹逾狮林虎丘；
> 荷花种竹，风流继文画吴诗。

狮林虎丘，指苏州狮子林和虎丘山。文画吴诗指文征明和吴伟业。文征明，明代长洲人，诗文书画皆工，而画尤著名。吴伟业，清代太仓人，工诗，有《梅村集》。

狮子林与文天祥《梅花诗碑》

狮子林，又名五松园。在苏州四大名园之一。元至正二年（1342年）僧天如禅师纪念其师中峰禅师而建，名菩提正宗寺，后易名狮子寺。明代改称圣恩寺，清乾隆十二年（1747年）改称画禅寺。狮子林为寺后花园，因园中有怪石像狮子，又因中峰禅师曾结茅天目山狮子岩，并取佛经中"狮子座"之义，故名。明洪武年间名画家倪云林曾作《狮子林图》，从此园名声大噪。清康熙、乾隆曾多次游览，并在圆明园和避暑山庄内先后仿建。明清以来屡有兴废。1918至1925年为贝仁元私园，后重修始成今状。园以湖石假山著称。洞壑宛转，曲折盘旋，宛若入迷宫，有桃源十八景之称。洞顶奇石林立，玲珑俊秀，有含晖、吐月、玄玉、昂霄等名称。狮子峰为诸峰之主。全园布局，东南多山，西北多水，廊屋环绕，楼台连接，别具一格。指柏轩、五松园、和尚花厅、卧云室、真趣亭、湖心亭、暗香疏影楼等建筑，依山傍水参差错落。西部及南部回廊壁间，嵌有《听雨楼帖》等书条石刻六十方，镌有宋代苏轼、黄庭坚、米蒂等名家书法，文天祥《梅花诗》碑刻尤为珍贵。

苏州山塘街青山桥畔的"五人之墓"

明朝万历、天启年间，在东林党人与反对宦官魏忠贤专权斗争中，有一位东林党人周顺昌，为人刚正不阿，疾恶如仇。当魏忠贤当权后，身为吏部员外郎的周顺昌便告假回吴县（今属苏州）老家。他非常同情敢于与魏忠贤斗争的人。吏部给事魏大中，由于得罪魏忠贤，而被押至京城。当路过吴县时，周顺昌热情地设宴为魏大中饯行，一连三天同吃同睡，并将自己的女儿许配给魏大中的孙子为妻。周顺昌对差役催促赶路，就愤怒地喝道："你们难道不知道世上还有不怕

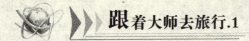

死的男子汉吗？你们回去告诉魏忠贤，多行不义必自毙！"魏忠贤得知此情后，恼羞成怒，遂网落络罪名下令逮捕周顺昌。天启六年（1626年）三月，当官府逮捕周顺昌时，民众聚集数千人前来阻止，以颜佩韦等人为首并击鼓鸣冤。官府派军队镇压，并逮捕了颜佩韦、马杰、沈扬、杨念如、周文元五人，诬以"首乱者"押赴阊门外吊桥行刑，还将五人首级悬于城门之上。五人尸骨后被民众择地埋葬。第二年，崇祯帝即位，魏忠贤自杀，朝廷将魏忠贤阉党定为"逆案"。苏州民众拆毁了建在山塘街的魏忠贤"普惠生祠"，将五义士遗骨移葬在此，并取名"五人之墓"。五人墓大门坐北朝南。墓茔系麻石砌筑，约2米高，是五位义士的合葬墓。墓前享堂内，明代就立有"五人之墓"的青石大碑，高23米，宽1米。明崇祯进士、复社领袖张溥为五人墓写了散文《五人墓碑记》。这篇为平民百姓立传的文章，不仅勒石置于墓前，还被编入《古文观止》，广为流传。明时戏曲家李玉写有《清忠谱》传奇，京剧中《五义士》剧目，都取材义士舍生取义的史实。

苏州俞樾故居曲园

俞樾（1821-1907）清代学者、文学家。字荫甫，号曲园，浙江德清人。清道光进士。官翰林院编修，河南学政。晚年讲学杭州诂经精舍。能诗词，重视戏曲小说。所撰各书，总称《春在堂全集》，共二百五十卷。俞樾苏州故居，名曲园，以主人的号命名。曲园位于苏州城内。他54岁时买下大学士潘世思旧宅西部废地，筑园及屋30余楹。进曲园的大门，跨过小庭院就步入小竹里馆，这里两壁有反映曲园老人生平的国画多幅。往里就是主要建筑春在堂，堂额是曾国藩撰写的。堂上俞樾自撰的对联：

生无补乎时，死无关乎数，辛辛苦苦，著二百五十余卷书，流播四方，是亦足矣；

仰不愧于天，俯不作于人，浩浩荡荡、数半生三十多年事，放怀一笑，吾其归欤？

乐知堂有许多陈列品引起很多人注意。其中有一方木匾额，上面雕的字是俞樾乡试同榜的李鸿章所写，是当年曲园落成时悬于门厅上的。上面原有"德清俞太史著书之庐"九个大字，现在那个"德"字和半个"清"字已被截去了。这块匾额是在1983年文物普查中发现的，那时它已沦为一位木工睡觉的铺板，因嫌长故被截去了一段。

故居里还保存一架立式钢琴，它是赛金花（傅彩云）抚过的遗物。她的丈夫洪钧与俞樾的孙子陞云（俞平伯之父）是好朋友，经常唱和往来，还曾到曲园小住。钢琴原存思桥巷洪宅，解放后移来曲园。

太仓张溥故居及张溥的《五人墓碑记》

张溥（1602-1641），明末著名文学家和救国志士。字天如，江苏太仓人。崇祯进士，授庶吉士。于崇祯初组织复社，继承东林党事业，与阉党进行坚决斗争。有《七录斋集》等。张溥的故居坐落在太仓县城内的老街上，是一座较为完整的典型江南宅院的明代建筑。主建筑是一楼三进木结构房子，堂楼与后楼四周相通，俗称"通转走马楼"，因门户甚多，有"迷宫"之称。张溥故居的正门上方有水磨砖刻"张溥故居"四字，为赵朴初题写。第一金世遗所宽敞的大厅。亭正中安放着张溥塑像。两边壁上分别高挂着张溥的好友、复社志士顾炎武、归庄、张采、黄宗羲、黄淳耀、杨廷枢、姜垛、侯嗣曾等八人的画像及生平简介；后壁左手挂着张溥所作《五人墓碑记》拓本，右侧玻璃橱内陈列着张溥若干著作及张溥年谱、复社简介等资料，大厅的后壁正中高悬着李一氓写的大幅横额匾"复社祭奠"。还有一副对联由钱仲联先生撰文，胡厥文先生书写，对张溥的一生作了高度的概括和评价。

徐州与北宋诗人陈师道

徐州，尧封彭祖于此，称大彭氏国，春秋有彭城邑，战国时为宋都，项羽亦在此建都，三国时为徐州州治，清代为府治。自古徐州为兵家必争之地，是有名的军事战略要地。文物有汉代戏马台遗址、兴化寺、大土岩、淮海战役烈士陵

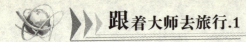

园、还有汉墓多处，出土有汉画像石、兵马俑、银缕玉衣等。所辖沛县有元代摹刻刘邦"大风歌"碑。南郊有云龙山、云龙湖风景区。徐州还出生一位名诗人，就是北宋的陈师道（1053-1102），号后山，字无己。相传他灵感一来，就急忙赶回家中，闭门上床，蒙着被子苦吟，有了腹稿又连忙下床写出，然后贴在墙上逐字逐句修改，有时改得面目全非，要经过十几天才能定稿。陈师道对徐州的山山水水，一草一木，非常热爱。尤其长年背井离乡，更增加了他对故乡的眷恋。在他的笔下，徐州可爱无比。他在《登彭祖楼》诗中写道：城上危楼江上城，风流千载擅佳名。水兼汴泗浮天阔，山入青齐焕眼明。乔木下泉余故国，黄鹂白鸟解人情。须知壮士多秋思，不露文章世已惊。诗人赞美徐州，不仅是因为它有雄伟的古城，悠久的历史和秀丽的风景，更重要的是因为它钟灵毓秀，为国家民族哺育和贡献了不少人才。戏马台在徐州城南户部山上，相传项羽曾在这里戏马。南朝刘裕晋封宋公以后，曾在重阳节到戏马台上宴请他的随丛官员。唐朝的储光羲等著名诗人都写有戏马台的诗歌。陈师道满怀激情地登上戏马台，俯仰古今，感到非常自豪，他写下了《和李使君九日登戏马台》，赞美古迹。在诗人看来，徐州的名胜古迹是美的，就连普通的景色也极为迷人。在《雪后黄楼寄负山居士》诗中，他写道：云日明松雪，溪山进晚风。人行图画里，鸟度醉吟中……他把自己的形象融进了徐州的风景画里，与山水风云、飞鸟松雪浑然一体，从而使他的诗名永远与徐州紧紧结合在一起了。

徐福村与秦始皇求仙药

公元前219年，秦始皇东巡至琅璐琊郡的赣榆地区，祈望求得"长生不老仙药"。谋士为此找到了当地的名士徐福。善医药、懂方术的徐福说，东方海外有蓬莱、方丈、瀛洲三座神山，那里可以采到仙药。始皇听后大喜过望，就派徐福携三千童男童女和一批技工，驾乘高大的"楼船"出海去寻仙药。结果一去不复返，铸成千古佳话。后来，《史记》中曾有徐福在日本的平原、广泽为王之说。许多中外史学家认为，徐福航海抵达了大海之东的日本海岛，童男童女繁衍生息，懂得各种生产技艺的工匠们将先进的工具、器皿投入当地使用，他们还向日本人传授青铜铸造、农耕和蚕桑技术。千百年来，徐福在日本极受尊重，甚至被日本人民尊为先祖和司农耕之神！至今，在日本国的本州、大阪、九州等地还保存有徐福的陵墓。在日本新宫市中心有徐福公园。

徐福村，又名徐阜村，清初以前是紧靠大海的一个渔村。秦朝时当地有一位民间医生叫徐福，及至徐福被秦始皇派遣出海以后，乡亲们以为他在海上遇难了，为了纪念这位好心的名医，人们把他出生的村庄改名为"徐福村"，并在村北建了一座"徐福庙"。后改为兴会寺，至今遗址尚存。徐福村还保存着两本家谱，上面都记有"徐福村"的地名和宗族变迁。徐福村现分为前后两个自然村，有居民500余户。村北高岗上过去有两座庙，西有兴会寺，东有牛王庙。

现今的徐福村口有赵朴初题写的村名，新建了徐福祠。每年秋季，当地还举行盛大的纪念活动——徐福节。其时，成百上千的中外来宾会聚徐福故地，举行隆重的祭祀活动，开展徐福学术研讨，缅怀先烈的开拓精神。

云台山中的花果山与《西游记》

《西游记》是吴承恩在明代创作的一部神话名著。从书中知道孙悟空的老家是花果山，而这花果山现今就在连云港的云台山中。当然《西游记》中的花果山是在大海中的，书中这样描写的："……东胜神州，海外有一国土，名曰傲来国。国近大海，海中有一座名山，唤为花果山原来在清代康熙以前，花果山真是矗立于大海之中。只不过沧海桑田，海水退去，花果山才与陆地相连。明代的《海洲志》有诗形容花果山，说明了昔日的花果山是在海中：

> "山如驾海海围山，山海奇观在此间。
> 乘兴时来一登眺，恍疑身世出尘寰。"

我国古代有所谓海上仙山的传说，《史记·秦始皇本纪》说仙山名蓬莱、方丈、瀛洲，是神仙居住的地方。据史家考证，这海上仙山的瀛洲，就是今日的云台山，而花果山则是其中一座秀丽的山峰。

吴承恩是淮安人，而淮安只有水没有山。于是向他的好友——淮安知府陈文烛讨教"何处有花果山"，知府告诉他，海州境内有座云台山，为海内四大灵

跟着大师去旅行·1

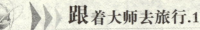

山之一。各地去云台山朝山进香的善男信女不知其数。吴承恩昕后大喜，为了熟悉猴子在山上的生活情形，他北行来到了云台山。他见到云台山中的青峰顶真是一好地方，那里怪石嶙峋，树老林深，灵泉流水，群鸟飞翔，奇花野果满枝，洞天相连。于是吴承恩将青顶峰改为花果山，作为孙悟空的出生地。吴承恩在山上尽兴踏勘，遍访传闻，积累了大量的感性素材。据说《西游记》里的南天门、老君堂、玉皇宫、沙河口、牛王庙、七十二洞等地名，在这里都是早已有之的。

水帘洞坐落在花果山的山腰。洞外石壁上有清代所刻"水帘洞"、"灵泉"题字，再上刻有明朝刺史王同所题对联："神泉普润，高山流水。"也有人曾写过这样的对联："百丈水帘，自古无人能手卷；一轮明月，迄今何匠敢行磨？"今天的水帘洞，不仅洞口无水帘相垂，就连洞内的"灵泉水"也很少了，而名副其实的水帘洞却在唐王宿城滴水崖。滴水崖在花果山之东，紧濒大海。那里水帘飞溅，道道彩虹悬于洞口。侧身而入，洞内十分宽敞，正中有一长方形巨石，似是石床。从洞内往外看，恰似银河落九天。此时就能感受到《西游记》中水帘洞的美妙和真实。

花果山有一座明代万历年间的建筑，名叫三元宫。它的里面有个团圆宫，内供有唐僧和三元昆仲四人像。而海清寺的团圆宫里，则供有唐僧和他的父亲陈光蕊。母亲殷小姐和弟兄三元的像。花果山上的这些古迹，使人自然会想到《西游记》里的"团圆会"。《西游记》"陈光蕊赴任逢灾，江流僧复仇报本"一节可能就是以海州地区流传的有关唐僧的逸闻为基础创作而成的。

《西游记》中，南天门是玉皇宫的大门口。人间的南天门正是花果山的大门口。明代重建三元宫时，南天门已成为三元宫建筑群中的重要建筑物。南天门居高临下，站在那里颇有欲飞之感。《西游记》里安排了很多神仙洞府，魔鬼石穴，在花果山都可以找到它们的影子。这花果山里有"海天洞"、"万佛洞"、"朝阳洞"等等。如朝阳洞，在"一线天"下，洞口朝南。《云台导游诗抄》说此洞："天然神斧劈成一洞……朝云初过，晓日方升，香风时来，雨花未扫，岚光旭影之中，摇荡于几席间，苍翠变幻，一俯仰间，倏忽改观，此朝阳之佳景，可揽人怀袖……"游此洞时，不禁想起《西游记》第一回关于"须菩提祖师"所居"斜月三星洞"的描述："这猴王整衣端肃，随童子径入洞天深处观看：一层层深阁琼楼，一进珠宫贝阙，说不尽那静室幽居，直至瑶台之下。"在吴承恩的笔下，实景与构思得以巧妙地结合。

花果山的文物胜迹和民间传说，为吴承恩创作《西游记》提供了丰富的生活基础，而《西游记》创作成功，又给花果山增添了新的光彩。花果山上有些景物，显然是后人根据《西游记》的描写所创作的，却给游人增添了难得的情趣。在花果山上有一块巨石，中开一缝，缝中夹一椭圆形大卵石，好像要从缝中进出。于是人们便与《西游记》里的石猴联系起来，给它起了名字叫"娲遗石"，花果山上有一奇石，远远望去，很像头戴僧帽、身披袈裟的猪八戒，它的大耳朵紧紧贴在腮帮上，眯着一对小眼睛，形象滑稽可笑。花果山北面的猴嘴山上，有块巨石，很像半身猴像，坐北朝南，尖嘴猴腮，跃跃欲跳，于是人们便给它起了个名字叫猴子石。

大丰县的施耐庵祠

《水浒传》的作者施耐庵相传生于盐城大丰，葬于兴化施家桥，也有人说他就是大丰县的施彦端。此说尚待证明。如今，在盐城大丰县大中集西南20公里处，尚有施耐庵祠。此祠是清代乾隆年间由施公故居改建，后毁于日本侵华战争。1983年重建。祠堂为穿堂三进的青砖瓦房，斗拱飞檐，古朴雅致，门悬施氏匾额黑漆大门，两侧竖白石户对。中厅有三间，雕梁画栋。东西山墙嵌四块镌刻施耐庵生平的石碑。后殿有五间，供奉着施耐庵的牌位，两边楹联为"圣徒世系三千岁，才子家声六百年"。另有东厢房两间和一个小花园。

施耐庵的生平史记不详，但有关他的民间故事却在当地广为流传，较著名的"雪夜带路"就发生在这里。传说，施耐庵自小就勤于观察，善于思考，因此，聪敏过人，而且小小年纪就侠肝义胆，乐于助人。在他七岁的那一年的冬天，屋外漫天大雪。他的父亲和一位多年不见的朋友在屋内饮酒畅谈。正在这时，门口传来了急促的脚步声和敲门声。半夜三更，谁会来敲门呢？父亲向坐在一旁的小耐庵点点手，小耐庵急忙打开屋门。

门前站立一中年汉子，手持一灯笼。面带焦急之色，满腿泥水。施父问其来意，来人抖了一下身上的落雪，正准备行礼作答，只听施耐庵问道："客从东村来？"这人礼行半截，不禁一震，惊诧地转过头来。施耐庵又问："许是家里有人

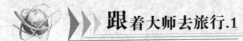

得了病吧？"这一问，更把来人问傻了。这时，施耐庵又问："王大叔是否要找柳郎中？"这人一听此孩童把自己的姓氏和来意都说了出来，只吓得扑通跪倒在地，口称："仙童在上，您说的样样都是，还请仙童施法救救我妻子。"施父忙上前扶起来人，说："他不是仙童，乃是犬子！"施父即命小耐庵速陪来人到柳郎中家去。路上来人好奇地问小耐庵："你怎么知道我来自东村？""嗳，这不明摆着吗？东村在我家东北面，今夜是东北风，你背上有雪，胸前无雪，肯定从东村来。""那，你又怎么知道我家有人得急病了？""这风雪之夜，即使死人送信，也不必这等急，唯家有急病的人，才如此匆忙。住我家前面的柳郎中，是方圆百里最好的郎中，找他诊病的人从我家路过，这风雪之夜，你必须找人指路。"来人听了连连点头，忽然又问："那你怎么知道我姓王？"施耐庵没有回答，指指灯笼，王大叔一看灯笼上写着一个"王"大字，不由得一把搂住小耐庵，称赞道："你真是个聪明娃。"后来，施耐庵雪夜带路的事就慢慢地流传开来。

淮安吴承恩故居的"射阳簃"

淮安是江苏北部的名城，明代的吴承恩（约1504–1582），就是淮安人。他的故居和射阳簃，就坐落在淮安城北河下镇打铜巷尾端。簃者，为依正房接的小房、偏厦，吴承恩号射阳居士，故以此名射阳簃。也就是吴承恩的著书室。

吴承恩辞世后，后嗣乏人，故居几经易主。建国初，整个建筑已湮没无存了。1982年，为纪念吴承恩逝世四百周年，当地政府按旧时样式在原址上重建故居，供人瞻仰。

故居由古朴雅致的十余问青砖瓦舍构成，一垛灰白相间、不甚高大的花墙将这些房舍圈围起来，形成幽雅静谧的院落。其院东西宽30米，南北长100米，回廊长34米，院落占地总面积为3000平方米。院落内有门厅三间，堂屋三间，书屋二间，客房三间，生活用房六间，房屋总面积510平方米。

故居内最引人注目的建筑是射阳簃，吴承恩就是在这里以生花妙笔，丰富的艺术想象，创作出名扬世界、享誉千古的巨著《西游记》。

《西游记》已被译成多种文字，在世界上广泛流传。

在射阳簃书斋前，有一叠假山，流水潺潺，屋前有两米高的吴承恩塑像一尊，执卷昂首，瞩目远方，像要看破黑暗的现实，又似在凝神构思西游世界中神奇的故事。

在故居的正厅内陈列有中科院古脊椎动物与古人类研究所根据吴承恩头颅复制而成的吴承恩的半身像；吴承恩灵柩前和吴承恩为其好友明嘉靖幸丑状元沈坤的父母撰写的墓志铭及为其父吴菊翁撰写的墓志铭拓片。从墓志刻石所显示的书法造诣来看，吴承恩的书法修养是很高的。

在故居的院墙南面，还有一个小池塘，碧波深处有鱼儿在游。吴承恩故居的东北侧已辟为花园。园内堆积土山，植有月季、红枫、君子兰、松柏等多种名贵花卉、树木，还将添设《西游记》中特性的场景，供人玩览，并更好地了解原著。

红梅阁与清诗人赵翼

常州最大的公园红梅公园的东南隅，有一座飞檐翘角、青瓦黄墙的古代建筑，在绿荫环抱之中若隐若现。这就是常州家喻户晓的红梅阁。

清诗人赵翼（1727-1814）字耘忠、号阈北。江苏省阳湖（今武进县）人。赵翼、袁枚与蒋士铨合称"江左三大家"。赵翼早年官中书舍人，曾多次扈从乾隆出塞，起草文书。后来官至贵州西道观察。晚年退闲，专心著述，学术成就很高。著有《瓯北诗集》《二十二史札记》等。

历代对红梅阁题咏颇多。赵翼曾有题咏红梅阁诗，如下：

出郭寻春羽客家，红梅一树灿如霞。
樵阳未即游仙去，先向瑶台扫落花。

红梅阁始建于唐代昭宗年间（889-904），现存的建筑为清光绪二十六年（1900年）重新修建的。阁为砖木结构，高17米，分上下两层。重檐翘角，给人以凌空欲飞之势。相传北宋道教南宗始祖紫阳真人张伯瑞，在此修炼著书，写下《悟真篇》一卷行世。所以，清代将阁下层作为祖师堂，祀道教"北五祖"、"南五祖"、"北七真"及张天师等。上层则祀玉皇、斗姥、文昌。至今，阁之内外犹存紫阳真人刻像、曾经处等石刻。赵翼故居在常州前北岸8号。赵翼57岁

跟着大师去旅行·1

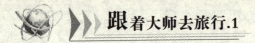

移居此宅，居住达31年，卒于宅中。现为市级文物保护单位。

东坡仙逝常州

元符三年（1100年），宋哲宗驾崩，端王赵佶继位。之后大赦天下，苏东坡也得以从海南岛生还大陆。1101年归毗陵（今常州）定居，以终晚年。七月，东坡热毒转甚，诸药尽却，上燥下寒，气不能支，于二十八日怅然仙去。其子谨遵遗命，将东坡葬于汝州郊城县钓鱼乡的峨眉山。

苏东坡一生来常州11次，最后病逝常州，舣舟亭是他来常州的泊舟处。后人为纪念苏东坡而建舣舟亭。舣舟亭位于常州延陵东路，天宁寺东。古运河三面绕园，向称常州名园。内有舣舟亭、东坡洗砚池、御碑亭和皇亭等宋、清两代古迹。清代乾隆皇帝六下江南，在常州有三次驻跸此园，写下六块御碑，抒发了他对苏东坡的敬仰和追怀之情，至今遗迹尚在。

常州李家村与近代小说家李宝嘉

李宝嘉（1867—1907）是近代著名的小说家，江苏常州人。他的代表作品有《官场现形记》《文明小史》《活地狱》。李宝嘉30岁到上海办报，40岁那年，因操劳过度去世。

李宝嘉去世后棺木运回常州，葬在市郊茶山公社群力大队李家村，现已不存。他的夫人庄竹英活了83岁，于1958年去世。1956年，文化部特地从北京寄给她400元生活补助钱，以表示对这位近代文学史上著名作家的遗孀的关怀。李宝嘉如果地下有知，一定会感到无比欣慰的。

李宝嘉在常州的故居，位于青果巷259号—269号。故居现为市文物保护单位。

瞿秋白故居、瞿秋白纪念馆

瞿秋白（1899—1935），浙江常州人。是中国共产党早期主要领导人之一，伟大的马克思主义者，卓越的无产阶级革命家、理论家和宣传家，中国革命文学事业的重要奠基者之一。

1917年9月，考入俄文专修馆，攻读俄文和俄罗斯文学。经历五四运动的革命洗礼后，积极参加李大钊组织的马克思主义学说研究会的活动。

1920年10月，应《晨报》和《时事新报》的招聘，以特派记者的身份赴苏俄考察，采访。两年的记者生涯，写下16万字的通讯报道和《俄乡纪程》《赤都心史》两部报告文学，向中国人民报道了新生苏维埃俄国的真情，同时也记述了瞿秋白的思想演变和飞跃。他曾三次见到列宁，还应托尔斯泰孙女的多次邀请，到托尔斯泰故居，拜读托尔斯泰的作品并翻译托尔斯泰的小说集。秋白还会见过著名诗人马雅可夫斯基，他是最早研究和介绍俄罗斯文化，翻译苏俄作品的中国人之一。

在苏俄期间，秋白还写成《俄罗斯革命史》和《俄国文学史》两部书。

1912年5月，瞿秋白加入俄共党组织，1922年2月转为中国共产党。1923年1月应陈独秀要求，回到祖国。在北京中共中央宣传部工作。二七惨案后，随党中央迁移到上海，受命主编中央理论刊物《新青年》前锋，致力宣传马列主义和共产国际运动，探讨中国革命面临的重大问题，写了许多著名的理论文章和论战性文章，并翻译了《国际歌》。

1925年1月，瞿秋白出席了党的四大，被选为中央委员和五人政治局成员，成为中共早期最高领导人之一。1931年春，被王明集团批倒罢官的瞿秋白，带着妻子杨之华回归文学，投入上海的左翼文艺运动。与瞿秋白的结识与交往，鲁迅找到了心中理想的、既能深通马克思主义、又能执行正确路线的共产党人，感到拥有了真正的知音。"人生得一知己足矣，斯世当以同怀视之。"鲁迅书赠秋白的这副名联就表达了这种心情。同样，瞿秋白书赠鲁迅的《雪意》诗和《鲁迅杂感选集序言》也表现了他对鲁迅精辟独到的理解和评价。瞿秋白与鲁迅被誉为文坛双璧，左联旗手。

1934年1月，瞿秋白奉命离开上海，到江西瑞金中央苏区，就任中华苏维埃中央政委和人民教育委员会委员，主编《红色中华》报。

1935年2月，瞿秋白等在秘密转移中，被福建的国民党保安十四团俘虏。蒋介石国民党反动派千方百计地劝说秋白归降国民党，都被拒绝。1935年6月18日

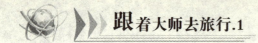

瞿秋白在福建省长汀罗汉岭下英勇就义。

瞿秋白纪念馆坐落在常州延陵西路，是两层楼四合院式的仿古建筑，典型的明清居室风格。1999年瞿秋白100周年诞辰之际，由常州市委、市政府拨款兴建的。门额上横书的馆名是由邓小平同志1985年亲笔题写。馆门两侧的墙壁上对称地各装镶一方铜雕。右边铜雕的主画面是瞿秋白与列宁，侧重表现的是革命家、理论家和宣传家的瞿秋白。左边铜雕的主画面是瞿秋白与鲁迅，侧重表现的是文学家、翻译家和文化旗手的瞿秋白。底楼展览大厅为瞿秋白生平事迹的照片、文字、实物和雕像。此外馆内还设有影视厅、资料室、贵宾室、学术厅、电脑室等，为宣传和研究瞿秋白提供多功能现代化的服务。

展览大厅共分六大部分：

第一部分 是党中央对瞿秋白的高度评价。瞿秋白于1899年在常州出生，到1935年在福建长汀为革命献身，他在这个世界上生活和奋斗了36个年头，从一个文弱书生成长为中国共产党的领袖人物和文化伟人，留下了500多万字的著作。他的人生是辉煌的，贡献是巨大的，人格是高尚的，同时又是饱受磨难、曲折悲壮的。1985年杨尚昆同志代表中共中央对瞿秋白做了科学、公正、完整的评价：瞿秋白同志是中国共产党早期主要领导人之一，伟大的马克思主义者，卓越的无产阶级革命家、理论家和宣传家，中国革命文学事业的重要奠基者之一。

第二部分 介绍瞿秋白的家世、革命意识的觉醒及成为共产党人的历程。诞生在世代读书、也世代做官，被称"晋陵望族"的封建大家庭，不过此时的瞿氏家族已经走向衰败，瞿秋白的父亲瞿世玮，虽然通晓诗、画、佛和文学，但无职无业，穷困潦倒，一家人因付不起房租，只好搬进了城西瞿氏祠堂居住。在中学读书五年半，秋白不仅学识出众，多才多艺，而且初步形成了忧国爱国、倾向革命的意识。1917年9月，秋白考入外交部举办的公费俄文专修馆，攻读俄文和俄罗斯文学。

1919年五四运动爆发，瞿秋白热烈投入学生运动，成为学生运动的"谋主"和领导者之一。他与郑振铎等进步青年创办《新社会》和《人道》杂志，参加李大钊组织的马克思主义学说研究会活动。1920年10月，应《晨报》和《时事新报》的招聘，以特派记者的身份赴苏俄考察，采访。

1921年5月，瞿秋白由张太雷介绍加入俄共党组织，1922年2月转为中国共产党。1923年1月应陈独秀要求，回到阔别两年多，但依然是灾难深重的祖国。

第三部分　从事革命活动，被选为党的领导人之一。瞿秋白回国后，先在北京中共中央宣传部工作。二七惨案后，随党中央迁移到上海，受命主编中央理论刊物《新青年》《前锋》，致力宣传马列主义和共产国际运动，探讨中国革命面临的重大问题，写了许多著名的理论文学和论战性文章。翻译《国际歌》，把英语"国际共产主义"用音译翻成"英特奈雄耐尔"，既上口好唱，又突出主题。所以最早、最全面翻译《国际歌》的就是瞿秋白。1923年6月，瞿秋白以苏俄归国的党代表参加了中共三大，受命起草党纲，并就他起草的《中国共产党党纲草案》作了报告。1924年1月，瞿秋白参加国民党一大，担任鲍罗廷顾问的助手和翻译，参与起草一大宣言，被选为国民党后补中央执行委员，这是孙中山手书的执委会名单。不久又被孙中山委任为国民党中央政法委员会委员，参加最高决策。这一时期，瞿秋白还在国共合作的上海大学工作，担任教务长和社会学系主任，讲授哲学和社会学。

1925年1月，瞿秋白出席了党的四大，参与大会文件起草，并作了理论上的阐释，被选为中央委员和五人政治局成员，成为中共早期最高领导人之一。不久，瞿秋白参与领导了五卅运动，创办了中国共产党的第一张报纸《热血日报》，正确地指导、推动反帝爱国运动的开展。1927年4月，在党的五大上，瞿秋白散发题为《中国革命中之争论问题》的小册子，尖锐、系统地批判了陈独秀的右倾错误，希望能克服革命面临的危机。五大选举瞿秋白为中央政治局委员和常委，主管理论宣传工作。蒋介石、汪精卫相继叛变之后，轰轰烈烈的大革命中途夭折。共产国际决定由瞿秋白主持临时中央常委会。瞿秋白主持中央常委会一个月中做了三件大事：一是决定举行南昌起义；二是决定发动秋收起义；三是筹备中央紧急会议，在历史转折关头为党制定新的路线和政策。1927年8月7日，瞿秋白在汉口主持召开了中央紧急会议，纠正了陈独秀的右倾错误，确立了土地革命和武装反抗国民党的总方针，选举了以瞿秋白为首的中央政治局常委会，当时瞿秋白只有二十八岁，他是继陈独秀之后的党的领袖。瞿秋白主持中央工作近一年时间，建立了巨大的历史功绩，在生死存亡的时候挽救了革命、挽救了党，但也犯了"左倾"盲动错误，不过只持续三个月，就发现并主动纠正了。

第四部分　是领导左翼文艺运动，粉碎了国民党反动派的文化"围剿"，

跟着大师去旅行·I

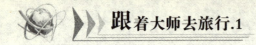

开辟了无产阶级文学的正确道路。

1931年春，被王明集团批倒罢官的瞿秋白，带着妻子杨之华回归文学，投入上海的左翼文艺运动。他接受委托代管中央文化委员会工作，由此介入"左联"领导。邀约茅盾商谈改进工作、办好《前哨》《北斗》的意见，指导冯雪峰为左联草拟《中国无产阶级文学的新任务》的决议案，排除了"左"的思想影响，提出了正确的指导原则，使左联工作由关门主义、宗派主义的倾向转变为健康和蓬勃发展的新局面。

茅盾说："促成这个转变，应该给瞿秋白记头功。"这时，国民党悬赏两万大洋通缉瞿秋白，为了他的安全，冯雪峰秘密地安排秋白夫妇住到紫霞路68号他的朋友谢旦如家。谢旦如夫妇在钱庄做事，爱好文学，同情革命，与秋白夫妇相处友好而亲密。

瞿秋白在谢家住了两年，深居简出，一面养病，一面通过冯雪峰指导左联工作，一面夜以继日地坚持翻译和著述。1932年夏末，瞿秋白由冯雪峰陪同，来到川北公寓三楼鲁迅家，第一次与鲁迅会见。两位神交已久的文化伟人一见如故，倾心交谈，共识于"惟新兴的无产者才有将来。"秋白破例饮酒，极其欢畅。此后的一年中，瞿秋白四次到鲁迅家中避难，在危难的日子里得到鲁迅夫妇的掩护和资助。

两个人共同创作杂文，翻译苏俄文艺作品和文艺理论，反击"新月派"、"自由人"、"第三种人"、"民族主义文学"等资产阶级文艺谬论和文化围剿，编辑出版《萧伯纳在上海》《被解放的唐·吉诃德》等书，同心协力地领导和推动着左翼文化沿着无产阶级革命路线向前发展。与瞿秋白的结识与交往，鲁迅找到了心中理想的、既能深通马克思主义、又能执行正确路线的共产党人，感到拥有了真正的知音。"人生得一知己足矣，斯世当以同怀视之"。

鲁迅书赠秋白的这副名联就表达了这种心情。同样，瞿秋白书赠鲁迅的《雪意》诗和《鲁迅杂感选集序言》也表现了他对鲁迅精辟独到的理解和评价。瞿秋白与鲁迅被誉为文坛双璧，左联旗手。由于两位旗手的精诚合作和并肩战斗，处于严重白色恐怖下的左翼文艺运动，排除了"左"倾路线干扰，粉碎了国民党反动派的文化"围剿"，开辟了无产阶级文学的正确道路，并取得了辉煌的成就。

左联时期是作为文学家的瞿秋白的黄金时代。他以天才加勤奋的创造性劳动，卓有成效地进行文学创作、文学批评和文艺理论建设，所用笔名就有100多个，在中国现代文学史上树起一座座丰碑。瞿秋白在《北斗》上发表和与鲁迅合作在《申报》上发表的60多篇杂文，是可以与鲁迅杂文相媲美的文学精品。瞿秋白是中国系统地译介马克思主义文艺理论和苏俄作品的第一人，是翻译成就最大，翻译水平最高的翻译大家。他撰写了一系列具有开拓创新意义的文艺论著，代表了毛泽东文艺思想形成之前中国无产阶级文艺理论建设的最高成就。

第五部分 留守苏区，艰苦斗争，英勇献身。1934年1月，瞿秋白奉命离开上海，只身来到江西瑞金中央苏区，就任中华苏维埃中央执委和人民教育委员会委员，主编《红色中华》报。在大军压境、饥饿危险的最后一年，秋白支撑着病弱的身体，努力整顿和发展苏区教育，组织、指导革命的戏剧创作和演出，亲自为《红色中华》组稿、编稿、写稿。忠于职守，功绩卓著，始终如一地坚持到撤离苏区突围为止。

中央红军决定长征时，瞿秋白曾请求随军长征，但遭到拒绝。于是，他把战马送给了徐特立，把长衫送给了冯雪峰，而自己只能"留守"苏区。1935年2月，瞿秋白等在秘密转移中，落入虎口，被福建的国民党保安十四团俘虏。因叛徒供认，真实身份暴露。在长汀国民党36师监押所关押的40天中，国民党反动派千方百计地劝说瞿秋白归降国民党。但劝降梦想破灭后，蒋介石密令"就地枪决"。6月18日，瞿秋白英勇献身。

第六部分 瞿秋白殉难的噩耗一传开，海内外广泛的开展悼念活动。共产国际及所属的日本、德国、美国等支部的党组织，纷纷发表声明、抗议书和悼念文章，高度评价瞿秋白的历史地位和重大贡献。

1955年，中共中央在八宝山革命公墓举行瞿秋白的遗骨从长汀迁到北京的安葬仪式，周恩来主持，陆定一作生平报告。十年浩劫中，瞿秋白被诬为"叛徒"。墓被捣了，碑被砸了，死后四十多年又蒙受了一场大冤案。

党的十一届三中全会以后，中央成立专案组，对瞿秋白的问题全面复查，1980年正式为瞿秋白平反恢复名誉，并拨款在八宝山重新修墓立碑。与此同时，在瞿氏宗祠的瞿秋白的故居建立了瞿秋白纪念馆，1996年被国务院批准为全国重点文物保护单位。瞿秋白故居原为清光绪年间瞿秋白的叔祖父瞿赓甫捐资修建的私家祠堂，是瞿氏大家族供奉和祭祀祖宗的宅院，面积1051平方米。前门垂檐下

跟着大师去旅行·1

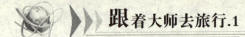

悬挂的"瞿秋白同志故居"的横匾，为茅盾手书。黑漆大门两边，各立抱鼓石一尊，上刻三狮戏球的浮雕，显示着这个大家族的高贵和吉祥。黑漆大门上方赫然高悬"城西瞿氏宗祠"的白底篆书匾额。故居分东西两院，各分四进，地势逐进抬高，寓含步步高升之意。中列隔墙，有廊道门扇相互连通。西院为正屋，原为供祭用的厅堂，庄严而神秘，现辟为多功能厅。东院为厢房，是当年族人和守祠仆人食宿休息的辅屋。瞿秋白一家于1912年到1916年就住在东院，里面安放的100多件家具和用品，都是依照当时的格式，征购或仿制并照原样陈列的。步入祠堂第二进，在"我是江南第一燕，为衔春色上云梢"的屏风前面，树立着古铜色的瞿秋白石膏像，身姿矫健，神采秀奕，表现的是青年儒雅、书生味正浓的革命家形象，与纪念馆厅内铜雕相比，虽然同出于雕塑家童太刚之手，但风格是迥然不同的。绕过屏风，第三进便是祠堂的主厅。当年瞿氏族人春祭秋祀或治丧供灵，就是在这个厅堂里进行的。厅堂两厢门额上分别题刻着"习规"、"折矩"，训诫族人要学习家法，遵守族规。穿过这道大圆门，就是宗祠东院的厢房。厢房第四进是秋白的弟妹合住的房间，墙上挂的是三位弟妹的旧照：左边的是大妹妹瞿轶群，中间的是二弟瞿云白，右边的是三弟瞿景白。

瞿景白是一个坚定的共产党员，跟随秋白在苏联参加革命工作，因反对王明一伙制造"江浙同乡会"阴谋而突然失踪，实际是被暗害的。后面隔出来的一间，就是瞿秋白的卧室兼书房。少年秋白常常在这里和羊牧之、张太雷等学友温习功课，议论时事。瞿秋白喜欢音乐尤爱吹箫，窗棂边还挂着一支铜箫。厢房第四进和第三进之间是穿堂和过道。穿堂被用作秋白父亲的小书房。这位治家无方而对艺术却有偏爱的瞿七爷，常常在这张书桌上研墨作画，后来，成为颇有名气的美术家。瞿秋白的绘画技法就得之父亲的传授。厢房的第三进是一个大房间，被屏风隔为两半。后半间是秋白父母和襁褓中的幼弟坚白的卧室。秋白母亲就是在这里喝下红火柴头泡虎骨酒服毒自杀的。因无钱安葬，灵柩也存在这里多年。瞿秋白写下了这样一首《哭母诗》：

亲到贫时不算亲，滥衫添得泪痕新。

饥寒此日无人管，落上灵前爱子身。

166

前面半间用作客厅。瞿秋白家寄居祠堂虽说是落泊无奈，但是祖上是官宦之家，书香门第，再是贫穷潦倒，门面还是要撑的，客厅要有的，不过此时已很少宾客登门，来的多是讨债的。走出客厅，是祠堂的天井。四周回廊槛格，天空日光云影。中间有石栏古井一眼，水色清冽，深邃如镜，极具江南风情。瞿秋白就是喝这井水长大的。他曾在这种植梅花、菊花，十三岁时就写了《白菊花》诗：

> 今岁花开盛，宜栽白玉盆。
> 只缘秋色淡，无处觅霜痕。

巧妙地把自己名字中的"秋、白、霜"三字嵌在诗中，可见秋白的聪慧和才情。天井前面的第二进厢房，门楣上题着"世食旧德"四字，意在提醒子孙后代，不可忘记皇恩祖德，要做忠君爱国、光宗耀祖的孝子贤孙。最前面的一进原来是厢房的门房。当时秋白家用作厨房，炉灶炊具都是依原样修建的。门房前壁开一道小侧门，是平时出入的便门。1912年"双十节"，家家户户门口挂起红灯笼庆祝，瞿秋白却在自家门前挂了一盏写上"国丧"两字的白灯笼。那盏小小的白灯笼，在一片粉饰太平的红灯笼中，犹如一朵傲霜的白菊，一直亮到天明。

南通狼山的骆宾王墓

在南通市南郊长江之滨有座狼山，其东为军山、剑山；其西为马鞍山、黄泥山，总称五山或狼五山。狼五山正当江面最宽处，水天一色，风光绮丽。山上有广教寺，支云塔、葵竹山房等。东南麓有唐骆宾王墓。山门有一对联：

> 长啸一声，山鸣谷应；
> 举头四望，海阔天空。

南通狼山的骆宾王墓的发现是非常有趣的。明人朱国祯撰的《涌幢小品》中，记载着这样一个故事：明正德九年（1514年），南通城东的黄泥口，一个姓曹的农民在挖蓥池时，发现一座古墓。上面有一块墓碑，题着"骆宾王之墓"几个字。他把棺盖掀开，只见里面卧着一人，"衣冠如新"。曹某见状十分惊骇，赶忙把泥土堵回去，只是将那块墓碑搬回家里。后来怕惹麻烦，又将那块墓碑敲碎了。明末崇川（今江苏南通）人邵干，将此事写成《骆宾王遗墓诗》，广泛征求和者，引起许多好事者，积极撰写和诗，并掀起了探寻骆墓遗迹的热潮。

当时一位海门的自称李于涛的人写来和诗（共44人写来和诗）并作证说，他家的宗谱上面，也有关于骆宾王客死南通，埋骨黄泥口的记载。李于涛说扬州兵败时，骆宾王和徐敬业的儿子一起逃出，隐匿在邗江的白水荡中，不久，骆宾王就死在崇川（今南通），是徐敬业的儿子把他殓葬的。

到了清乾隆十三年（1748年）福建人刘名芳，偶值冬天水干的时候，在南通黄泥口地下找到一块残砖和几根骨头，虔诚地把它移葬到南通狼山的东南麓，这就是南通骆宾王墓的由来。

光绪二年刻本《通州直隶州志》卷十三《人物志下·侨寓传》有如下记载：

唐骆宾王，义乌人。武后时除临海丞，怏怏不得志。徐敬业举兵，署为府属，使传檄斥后罪。败匿邗之白水窝，即今吕四场也。捕者求之不获，遂客死海上。

一些学者认为，骆宾王兵败逃亡，匿迹南通，最后埋骨黄泥口是可信的。骆宾王大约在垂拱三年（687年）逝世，终年约70岁。

1933年，自称骆宾王四十世孙的骆奉升，在其撰写的《唐骆侍御史文忠公墓考》一文中说："升要其抄录墓表及摄影以归，时适义乌修志，将摄影呈之志局焉，事寝失焉。"南通狼山之骆宾王墓的照片保存在南通市文管会、义乌县博物馆。

金山寺和《白蛇传》

镇江西北的金山，原为长江中的一个小岛，有"江心一朵芙蓉"之称，后因泥沙淤积，逐渐与南岸连成一体。江南古刹金山寺，就坐落在金山上。金山寺原名泽心寺，始建于东晋。金山寺依山势而建，从山脚到山顶。殿堂层层，错落有致。始建于宋代的砖木结构、七级八面的慈恩塔立于金山之顶，此塔又名金山塔，是金山寺的象征。

金山寺的名胜古迹很多，历代到过金山寺的文人墨客则更多。宋代科学家沈括、书法家米芾、文学家黄庭坚，苏东坡，政治家王安石，民族英雄岳飞、韩世忠、文天祥，明代书画家文徵明等，曾先后到此一游，或吟诗作赋，或与寺僧交友谈经。明代成化八年（1472年）日本画家雪舟来到金山寺，绘制了《大唐扬子江》心金山龙游禅寺之图，为中日文化的交流做出了贡献。

有关金山寺的故事和传说，其中《白蛇传》最为著名。传说由白蛇所变的白娘子及青蛇所变的使女小青，清明时节在杭州游西湖，与许仙同舟避雨，并借伞给他。白娘子与许仙互相爱慕，遂结为夫妻，后迁至镇江开设药店为生。金山寺和尚法海见了许仙，说他面带妖气，唆使他在端午节让白娘子喝雄黄酒，结果白娘子现出原形吓死了许仙。白娘子与小青急赴南极仙翁处盗取仙草，救活了许仙。之后，法海和尚又将许仙骗至金山寺中，不准还家，使之与白娘子分离。白娘子遂偕小青驾舟前去寺中寻讨许仙，遭到法海拒绝。愤怒的白娘子转往东海龙王求援，搬来虾兵蟹将，龟怪鱼精。于是水漫金山寺，迫使法海披起袈裟退守佛殿。随后法海以护佛的名义亦招来雷公电母，杨戬哪吒等天神，与水族大战金山寺，杀得浪溅云天。后来由魁星解围，法海答应放许仙下山，白娘子得以与许仙在西湖断桥重新团聚。

如今游人步入法海洞可以看到被尊为金山寺开山祖师的法海和尚的塑像，非常超脱，他正在双目紧闭，一心参禅。

镇江梦溪园遗址与沈括

沈括（1031-1095），字存中，杭州钱塘人，宋神宗时曾参加王安石变法运动。曾提举司天监，任翰林学士，出知延州（今陕西延安）。晚年居润州（今镇江）梦溪园从事著作。他精研科学，用功极勤，对天文学、物理学、地质学、生物学以及炼油、炼铜、炼钢都有精深研究。著有《梦溪笔谈》，具有极高的文学价值。

梦溪园遗址在镇江市区东南隅，由沈括本人设计建造。原来园内有山丘小溪，百花巨树，因小溪名梦溪，故名梦溪园。作者的天才著作《梦溪笔谈》即在此写成。后此毁坏，仅存梦溪严家巷，视其故址。

169

跟着大师去旅行·1

镇江北固亭与南宋爱国诗人辛弃疾《登京口北固亭有怀》

辛弃疾（1140-1207）南宋词人，名幼安，号稼轩，历城（进山东济南）人。历任湖北、江西、浙东等安抚使。一生坚决主张抗金。其词抒发了力图恢复国家的统一的爱国热情，对南宋统治集团的屈辱投降进行揭露和批判。有《稼轩长短句》，今人辑有《辛稼轩诗文钞存》。

辛弃疾当时生活在偏安的南宋时代，江北中原大片土地沦入金人之手。辛弃疾青年时代参加抗金军队，转战疆场，南渡后始终未授朝廷重用。他报国杀敌，收复失地的雄心壮志未能实现。到了晚年登临北固亭，望着滚滚东去的江水，只能在诗中借古人的事抒发积压在心中的郁闷了。辛弃疾登临北固亭写有两首佳作：《京口北固亭怀古》和《登京口北固亭有怀》。现将后一首录下：

何处望神州？

满目风光北固楼。

千古兴亡多少事，

悠悠，

不尽长江滚滚来。

年少万兜鍪，

坐断东南战未休，

天下英雄谁敌手？

曹、刘。

生子当如孙仲谋。

镇江古称京口，即古都金陵的咽喉之意。诗题中的北固山，坐落在镇江市长江南岸，是中国历代诗家经常登临题咏的地方。山不太高，只有四十八米，但正如古书上所描写的"下临长江，三面临水，回岭斗绝，势最险固"。因该山是镇江北面的屏障，故名北固。山上有座著名的古寺——甘露寺，传说始建于三国时代的甘露年间（256-260），故而得名。因此山上有关三国时代的古迹和传说

170

不少。在山之北麓最高处有被宋代的著名书法家兼诗人米芾称之为"天下江山第一楼"的北固亭，现名多景楼。

在多景楼上，极目远眺，万里长江如画卷，尽收眼底；数千年来在江上演出的一幕幕历史剧，跃上心头。辛弃疾这首词，是历代佳作中最令人难忘的。此词的前半阕写眼前的国事和江景，后半阕追念三国的往事，以此表达诗人的抗金决心。

康有为曾写有《多景楼》楹联：

江淘日夜东流水；
地耸英雄北固楼。

甘露寺与刘备招亲

位于北固山后峰上的甘露寺，为东吴甘露元年（265年）所建，唐代宝历年间（825-826）润州刺史李德裕重修。后屡兴废，现存建筑多为清末民国初所建。据说三国时刘备曾在此招亲，实为孙权、周瑜设下的美人计。在甘露寺里，孙权母亲吴国太见刘备"两耳垂肩，猿臂过膝"，一幅天子相，甚为满意，孙、刘联姻遂弄假成真。后刘备设法逃离京口，并将追赶来的吴兵打得丢盔卸甲。

甘露寺北，有一座多景楼，相传是刘备夫人、孙权妹妹孙尚香的梳妆楼。宋代以后，文人雅士常在此赋诗聚会。多景楼之东，北固山最高处，有一方亭，名曰凌云亭，又名摩天亭。传说，孙夫人后来被强行留住娘家。后吴蜀交战，刘备兵败，于白帝城忧郁而死。孙夫人闻讯后，登此楼祭拜丈夫，然后投江自尽。因此，又称"祭江亭"。

茅山与葛洪、陶弘景

茅山，古名句曲山，位于句容县东部。相传西汉景帝四年（公元前153年），陕西咸阳的茅氏三兄弟来此修炼，得道登仙后，被奉为茅山道教的祖师，并将句曲山改名为茅山。茅山秀丽优雅，有三宫、五观、九峰、二十六洞、十九泉、二十八池美景，素有仙境之称。相传夏禹曾登茅山以朝群臣；秦始皇曾来茅山埋白璧一对。茅氏之后，历朝都有人来此修炼。东晋的葛洪曾在茅山隐居，从事炼丹和医学研究。茅山的抱朴峰和山麓的葛仙井，就是纪念他的。南朝齐梁的陶弘景，自号华阳隐士，在齐时官拜左卫殿中将军。入梁后，隐居茅山不仕，潜心修炼，创立了道教的茅山派。他也是著名的大诗人。梁武帝每有大事，派遣人入山向他咨询，人称"山中宰相"。其他文人墨客，慕名而来者络绎不绝。唐朝诗人皮日休曾有诗曰：

> 坛上古松疑度世，林间幽鸟恐成仙。
> 不知何事迎新岁，乌纳裘中一觉眠。

此诗将茅山世外桃源般的环境和诗人自己超凡脱俗、缥缈欲仙的心态描写得淋漓尽致。闻名遐迩的华阳洞，就在积金峰附近。此洞是茅山上最大的石灰岩溶洞，传说汉代三茅真君就是在这洞里修炼得道的。清代康熙皇帝南巡时曾御书"华阳洞天"四字。唐代诗人韩愈也曾有诗曰："想君直入华阳洞，割取乘龙左耳来。"宋代政治家、诗人王安石当年登上大茅峰后，作诗一首曰：

> 一峰高出众峰巅，疑隔尘沙路几千。
> 俯视烟云来不及，仰攀萝茑去物前。

扬州扬州的廿四桥

据史载，扬州建城已有两千四百多年的历史，大约从公元五世纪初的南北朝开始，便成了一座繁华的城市，而以唐代为最盛。李白有一句诗"烟火三月下扬州"，就将阳春三月扬州的垂柳如烟、繁花似锦春景，描绘得何等迷人，使人对扬州向往之情油然而生。扬州是历代诗家文人常游之地，故此留给后世的诗文很多。在那些千万古传诵的诗中，有晚唐诗人杜牧的《寄扬州韩绰判官》：

> 青山隐隐水迢迢，秋尽江南草未凋。

二十四桥明月夜，玉人何处教吹箫？

对"二十四桥"有不同的解释，有人认为是指有二十四个美人在桥上吹箫之意；又有人说，二十四桥是指一座名叫"廿四桥"的桥，廿即是二十之意。终于有人在一个叫作任庄的村子里找到了一座砖石结构的小桥，桥横跨在一条约有三十米宽的小河上，桥下的河水只剩下一条涓涓细流，河中长满了芦苇和水藻。村里人说，这就是廿四桥。有一则轶闻是写廿四桥边趣事的，这样写道："有一次盐商在平山堂大宴宾客，金农（687-1764）也在其中席间，有人提出以"飞红"为题创作饮酒诗。正论到某一盐商，他绞尽脑汁，想不出来。大家要罚他酒，他忽然说："有了！柳絮飞来片片红，怎样？"众人大笑："柳絮白如雪，岂能片片红？"他正在尴尬之际，金农起来解围说："这是元人咏平山堂之诗，他引用很确切。"众人要他说出全诗。金农从容不迫地吟道：

廿四桥边廿四风，凭栏犹忆旧江东。
夕阳返照桃花渡，柳絮飞来片片红。

说絮在夕阳照射之下变为红色，非常传神。大家都夸赞金农博闻强识，能将冷僻的元诗脱口背出。其实，元人并无此诗，乃是金农随意吟出。那位盐商大喜，第二天送给金农1000两白银。

扬州隋文选楼

日本圆仁《人唐求法巡礼行记》中，曾写道："臣善者，在此白塔寺撰《文选》矣……"（注：在《文选》下面应有"注"字。李善著有《文选注》。）

白塔寺是唐代扬州有名的寺院。据《续高僧传》卷一，此寺是陈朝名僧法泰晚年居住的寺院，在隋代重建有七层木塔，《南归寄归内法传》说它是当时四大名刹之一。有人认为今扬州旋忠寺是其遗址。此文中，"臣善者"即是给《文选》作注的李善。李善在注完《文选》后上表进呈给皇帝，自称臣李善，后来五臣注和六臣注引用李善注。圆仁所见的《文选注》大概是五臣注本。李善（约630-689），

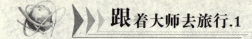

唐代学者。江都（今扬州）人。曾任崇贤馆学士、兰台郎等职。曾流放姚州，后遇赦还，寓居汴、郑间。以讲《文选》为业。所作《文选注》六十卷，流传颇广。《文选》，即《昭明文选》，南朝梁昭明太子萧统编选。书中选录先秦至梁的个体文章，分为三十八类，为最早的诗文总集。书中选骈文为主，不选六经诸子，史书只选论赞。原三十卷，唐高宗显庆年间，李善为之注释，扩为六十卷。开元年间又有吕延济、刘良、张锐、吕向、李周翰五人为之合注，称"五臣注"，后人合两本为一，称"文选六臣注"。据《甘泉县志续志》卷十二寺观条所载，施忠寺是梁昭明太子萧统文选楼故址，萧统曾在此编辑《文选》。查《梁书》和《南史》的萧统传，都没说他来过江都（扬州）。他在建邺（今南京）藏有三万卷图书，想来也不一定要从那里搬到扬州来编辑《文选》。隋代曹宪，唐代李善都注过《文选》，他们都是江都人，可能由此而误传。现在扬州有两处文选楼故迹：一在旌忠寺内（旧城旌忠巷），清末民初所建。楼上供萧统塑像，题"梁昭明太子文选楼"匾额，今尚存。这是纪念萧统编辑《文选》的文选楼。另一处在旧城毓贤街（原名选楼巷），清阮元在其住宅旁家祠内建楼三楹，供奉曹宪、李善、李邕等七人，题名"隋文选楼"。这是纪念曹宪、李善等创立"文选学"的文选楼。楼已不存，楼址在今扬州毓贤街。两座楼均系近代人据传说选址新建。

扬州琼花观与杜牧、王禹称、欧阳修

琼花现在扬州琼花路北侧，今扬州市第一中学内，始建于汉元延年间，本名后土祠，俗称琼花观。琼花因此观得以生长，此观因琼花得以扬名。此观今有琼花台、玉勾井及宋徽宗御赐石额等遗迹。琼花是一种独特的观赏花木，扬州民众引以为荣。由于受小说《隋唐演义》的影响，把琼花与隋炀帝开挖大运河、三下扬州牵扯在一起了。隋炀帝在今扬州北郊蜀冈之上建江都宫，江都宫规模巨大，富丽无比，仅锦栏翠幌就有千万道。杜牧诗云："炀帝雷塘土，迷藏有旧楼。"隋炀帝曾到琼花观观花，因不释后土，琼花瓣即散落一地。炀帝大怒，便将这世上独一无二的琼花树砍掉。

大业十三年（611年），炀帝三下江都时，天下大乱，反隋怒潮风起云涌。大业十四年（612年），被缢死江都宫，安葬于雷塘。因雷塘这个地名，扬州人又有个传说：江都太守陈棱乃隋之旧臣，用帝王之礼埋葬炀帝，可是触怒天颜，葬到哪里，雷就劈到哪里，于是形成上、中、下三个雷塘。年岁久远，墓冢不存。直到清嘉庆年间，大学者阮元访得隋墓故址，便制成一碑，由当时著名书法家伊秉授题：隋炀帝陵。至20世纪80年代，当地政府又拨资修葺，扶正陵碑。今天，隋陵已成为扬州北郊一个游览景点。

唐以前是没有关于琼花的记载，北宋至道二年（995年），扬州知府王禹称发现后土祠内有一奇异、洁白的花，作《后土庙琼花诗》，这是见于文字首次提到的木本琼花。诗前有小序："扬州后土庙有琼花一株，洁白可爱，且其树大而花繁，不知实何木也，俗谓之琼花。"

欧阳修还在花旁筑一小亭。名曰"无双亭"。又作诗云：

> 琼花勺药世物伦，偶不题诗更怨人。
> 曾向无双亭下醉，自知不负广陵春。

当代树木学家考证，宋代琼花观的花实际就是聚八仙的一个优良变种。聚八仙结子，而古琼花不结子，且极难生长。元明清三朝到扬州的文人留下大量咏琼诗，单明人曹璇《琼花集》就有71首之多。

扬州大明寺的平山堂与欧阳修

扬州有一座古刹大明寺，该寺创建于六朝刘宋孝武帝大明年间（457-464），故名。这里有历代名人留踪，珍闻盛传。大明寺大门前有一座高耸的牌楼，横额正面题有"栖灵遗址"四个大字。隋文帝仁寿元年（601年），曾在此建造九级"栖灵塔"。李白曾登林此塔，写下"登攀览四荒"的诗句。刘禹锡曾和白居易携手同登，也留下"忽然笑语半天上，无限游人举眼看"的名句。鉴真（688-763）在东渡日本之前，就在此讲经授律。为了纪念他，1973年在大明寺特建"唐鉴真纪念堂"，供着鉴真坐像。

在大明寺里较多保存着北宋文学家欧阳修的遗迹。欧阳修（1007-1072）是唐宋八大之一，他倡导古文革新运动，提倡效法韩愈、柳宗元，主张文章要有内容，

跟着大师去旅行·Ⅰ

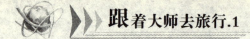

对转变宋初缔靡浮华的文风起了很大作用。他一生任中央和地方的许多官职，参加过范仲淹改革派对保守派的斗争。在他被贬为扬州太守时，常游大明寺。据《避暑录话》载："（欧阳）公每于暑时，辄凌晨携客往游，遣人去邵伯湖取荷花千余朵，以画盆分插百许盆。与客相间，酒行，即遣（所持）取一花传客，以次摘其叶，尽处则饮酒。往往浸夜载月而归。"寺内的平山堂，相传为欧阳修于庆历八年（1048年）所建。登堂南眺，"江南诸山，拱摒栏前，若可攀跻"，恰似"远山来与堂平"。故以"平山"二字名堂。欧阳修曾写下《朝中措》词一首，以记此堂：平山栏槛倚晴空，山色有无中。手种堂前杨柳，别来几度春风。文章太守，挥毫万字，一饮千钟。行乐直须年少，尊前看取衰翁。这首词反映了欧阳修在贬谪之中，仍然满怀豪情。元祐七年（1029年）苏东坡任扬州太守。他曾来游大明寺，念及十年前去世的欧阳修，悲悼之余，又谱《西江月》词云：

三过平山堂下，半生弹指声中。十年不见老仙翁，壁上龙蛇飞动。欲吊文章太守，仍歌杨柳春风，休言万事转头空，未转头时皆梦。

此词刻石，至今还嵌在平山堂壁间，供人吟咏。在平山堂的后面，有苏东坡建立的谷林堂。堂名是截取苏诗"深谷下窈窕，高林合扶疏"中的"谷"、"林"二字。清代两淮运使欧阳正墉于谷林堂后面建了一座祠堂，以纪念欧阳修。这座祠堂有五宇五楹。堂上悬"六一宗风"匾额。欧阳修自号"六一居士"，堂后壁中央，供奉着欧阳修的石刻画像。这幅线雕人物，神采奕奕，通过光线折射变化，远看白胡子，近看黑胡子，甚是奇特。祠堂两侧壁间，陈列着丈匹墨拓欧阳修文章名篇《醉翁亭记》和《丰乐亭记》各一本。

江阴暗山堂与徐霞客

徐霞客（1587-1641）明地理学家、文学家。名弘祖，字振之，号霞客，江阴马镇乡南旸歧村人。他一生不应科举，不入仕途，立志远游。徐霞客写有许多具有科学价值和文学价值的地理学和游记散文。死后由季梦良等整理成富有地理学和文学价值的《徐霞客游记》一书。此书被清代钱谦益推崇为"世间真文字，大文字，奇文字"。

徐霞客母亲八十寿庆时，徐霞客为母亲建了晴山堂。其名取于一位画家赠送的"晴转南山"之画。当年晴山堂,红砖绿瓦,飞梁画栋。徐霞客的友人高攀龙、宋濂、黄道周、倪瓒、文征明、钱谦益等八十五位名人学士共写了94篇诗文相贺,这些诗文石刻都收在晴山堂内。可惜晴山堂被毁,所幸石刻仍在。新中国成立后,为纪念徐霞客,曾在晴山堂旧址就建霞客小学,并将所有石刻集于一堂,名为"霞客先生纪念堂"。

故居位于晴山堂北侧。四进青砖黑瓦,显示了典型明代民宅风格。入天井,一棵枝叶繁茂的罗汉松挺拔东厢。二、三进及厢房现均辟为展室,一壁上挂满了当年徐霞客游历过的湘黔山水及风俗人情彩照。展柜里则是徐霞客研究过的云贵熔岩标本,以及有关他的传记及各种版本的《徐霞客游记》。

1987年,在徐霞客故居旁,南旸歧村南、胜水桥之西重建"徐霞客纪念堂"。此处三面环水,清静幽雅。相传,徐霞客经常从此处登州漫游,胜水桥即是后人为纪念徐霞客而建。胜水桥两侧书有对联,内联是"曾有霞仙居北宅,依然虹影卧南旸",外联是"胜境重新舟驶人行通海宁,水影依旧清流激荡映天然"。徐霞客纪念堂的主体建筑是一座三开间硬山顶古式厅堂,四周有围墙相护,正门有仿砖雕门头为饰,灰墙黑瓦,绛门朱窗。门前两侧蹲坐着一对矫健有力的石狮。厅堂之前有徐霞客行迹路线图。堂壁有77块晴山堂石刻,都是当时米万钟、文徵明、高攀龙等名家题赠的诗文。堂内有徐霞客雕塑和画像,正中悬挂着"靖山堂"匾额,为朱穆之所题。厅堂左右均为画廊。厅堂前后,还建有精美的花园。

堂后园内,建有霞客墓。此墓原建在南旸歧村马桥,后迁至纪念堂内。墓前有一高08米,宽04米的石碑。此碑建于清初,顶端模刻"十七世纪",中间直书"明高士霞客徐公之墓"。墓前是徐霞客全身塑像,北侧一座石刻,为原国家主席李先念亲笔题词:"热爱祖国,献身科学,尊重实践。"

兴化市郑板桥故居

郑板桥(1693-1765),清书画家、文学家。字克柔,号板桥。江苏兴化县(今兴化市)人。乾隆进士,做过山东范县、海县知县。他出身贫寒,关心人民疾苦,荒年为民请赈,得罪上司。1752年,他被罢官。他在《预告归里,画竹别潍县绅士民》一诗写道:

乌纱掷去不为宫，囊橐萧萧两袖寒。

写取一枝清瘦竹，秋风江上作渔竿。

从此，六十一岁的郑板桥，重新开始了在扬州卖画的生活。他能诗文，《悍吏》《逃荒行》《渔家》等作，描写民间疾苦颇为深切。所书《家书》《道情》为世所称。为"扬州八怪"之一。郑板桥的诗、书、画称"三绝"。有《郑板桥集》。

郑板桥故居在江苏兴化市城东南故城墙下，古板桥的西侧。故居坐北朝南，正屋三间，东西两边厢屋三间，中为一方小院，南有长方形古花坛，内长着篁竹数丛，中间石笋挺立。郑板桥在《题竹》中说："余家有茅屋二间，南面种竹。夏日，新篁初放，绿阴照人，置一小榻其中，甚凉适也。"

故居正屋中间堂屋内檐下，挂着板桥手书"聊避风雨"的匾额。后墙正中悬挂着《郑板桥先生行吟图》及板桥手迹自挽联："三绝诗书画，一官归去来。"两边板壁上挂着大幅的板桥字画真迹。东小院为小书斋，面积10多平方米，郑板桥自书一联："室雅何须大，花香不在多。"院中的西耳房，面积更为狭小，这里挂着一幅："白菜青盐糙米饭，瓦壶天水菊花茶。"充分体现了板桥的胸臆。正房对面的客堂内，挂有一副对联："秋从夏雨声中入，春在寒梅蕊上寻。"门上横幅是"聊避风雨"四个大字，颇有调侃自嘲的味道。

安徽文化名胜

扶疏亭与苏轼

扶疏亭在宿州市北城墙上。北宋苏轼为徐州守时，曾画墨竹一本，并附有七绝一首，赠予宿州守。州守将画与诗镌于石，筑亭贮之，取竹影扶疏之意，名为扶疏亭。该亭几经圮毁。现亭已恢复，并建有中间高离两旁低的殿堂五间，石碑嵌于堂上，长约1米，宽约70厘米，刻有枝风竹，下有诗云：

寄卧虚寂堂，月明浸疏竹。

泠然洗我心，欲饮不可掬。

署名"东坡居士"字样。历代文人登临备赋诗、亭为皖北名胜。清光绪《宿州志》载有李心悦曾写有《扶疏余韵》一诗：

墨宝真千古，坡仙妙笔留。

烟云曾画竹，风雨自鸣秋。

洒洒心如寄，婆娑影不收。

此间无俗韵，亭外启如钩。

萧县萧窑旧址与苏东坡《白土山石歌》

1960年在萧县城东南5公里，发现了萧窑旧址。该窑始于唐，盛于北末，延续到金代。据旧志记载，萧县白土山盛产白土，县西山有五色土，尤以红土为多。苏东坡为守时，作《白土山石炭歌》，记述了遣人访获煤炭的喜事：

彭城旧无石炭，元丰元年十二月，始遣人访获于州之西南白土镇之北。以冶铁，作兵（武器）犀利胜常云。

君不见前年雨雪行人断，城中居民风裂骭。湿薪半束抱余褐，日暮敲门无处换。岂料山中有遗宝，磊落如䃭万车炭。流膏迸液无人知，阵阵腥风自吹散，根苗一发浩无际。万人鼓舞千人看。投泥泼水愈光明，烁玉流金见精悍。南山栗林渐可息，北山顽矿何劳锻。为君铸作百炼刀，要斩长鲸为万段。

灵璧虞姬墓

虞姬墓在灵璧县城东7公里的公路旁。虞姬是秦代末年西楚霸王的妾。项羽

跟着大师去旅行·1

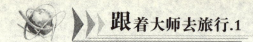

在垓下（灵璧县东南沱河北岸）被围，闻四面楚歌声，军心浮动。项羽夜饮帐中，悲歌慷慨。虞姬和歌一首："汉兵已略地，四面楚歌声，大王意气尽，贱妾何聊生。"唱罢，虞姬遂自刎而死，葬于此地。墓前石刻横额为"巾帼千秋"，两旁刻一联：

> 虞兮奈何？自古红颜多薄命；
> 姬耶安在？独留青冢向黄昏。

苏辙写有《虞姬墓》一诗：

> 布叛增亡国已空，摧残羽翮自今穷。
> 艰难独与虞姬共，谁使西来敌沛公。

滁州醉翁亭与欧阳修

醉翁亭，建于滁州琅琊山的半山腰。琅琊山古称摩佗岭。在安徽滁州市城西南五公里。因东晋元帝司马睿初为琅琊王，曾在此避乱，改称琅琊山。山上有唐建琅琊寺、宋建醉翁亭等古建筑群，相传为我国二十四大名山胜景之一。

琅琊寺为我国佛教圣地之一。山门上书"琅琊圣境"，大雄宝殿为寺内最巍峨的建筑。殿内雕饰精致，大小佛像一百多尊，造型优美。大殿后有藏经楼，原来藏有我国罕见的佛经——"贝叶经"一部，以及唐伯虎、郑板桥等名人书画。寺后有雪鸿洞、归云洞等胜迹，唐、宋、明、清各代摩崖、碑刻遍布其间。

醉翁亭在层林涧谷之中。亭建于北宋庆历六年（1046年）原是寺僧智仙给太守欧阳修歇脚、饮酒的山亭。欧阳修自称"醉翁"，遂名醉翁亭。并写下了浪漫飘逸，令人陶然的《醉翁亭记》，其中"醉翁之意不在酒，在乎山水之间也"，成为千古著名典故。

在醉翁亭旁有一巨石斜卧，上刻圆底篆书"醉翁亭"。亭西为宝宋斋，内有两块石碑，嵌于墙内，高七尺多，宽约三尺。正反两面刻有苏东坡手书的《醉翁亭记》全文，每字三寸见方，通称"欧文苏字"，真乃"珠联璧合"，为宋代流传下来的金石珍品。

风光幽美，花木繁阴的琅琊山，又有四角飞檐滁的醉翁亭，《苏东坡亲笔书》写的《醉翁亭记》全文石碑的点缀，名声愈高，游人增多。琅琊山也随之成为长江北岸的一处文学旅游胜地。

全椒吴敬梓纪念馆

吴敬梓（1701–1754），字敏轩，一字文木，清代讽刺文学家。安徽巡抚欲荐他应博学宏词试，以病不赴。晚年贫困，卒于扬州。一生善于诗赋，尤以小说著称。所作《儒林外史》，成为我国古典讽刺小说中的杰出作品。他的著作还有《文木山房集》十二卷，《诗说》七卷等。

吴敬梓纪念馆于1991年建成，位于安徽全椒洪栏桥襄河古城北隅，面临州门涧（现辟为新何），背负走马岗，依山傍水，景色宜人，四野绿树成荫，桥、水、林、竹掩映成趣。

进入吴敬梓纪念馆门厅内，有一组坐北面南，中轴对称，三厅两厢，仿明清的建筑群。由于吴敬梓曾祖为顺治一甲第三名探花，故此处又称探花第。

纪念馆"门厅"两侧，有四座直径为八十厘米的"旗杆石"，原是吴敬梓故居——"探花第"做安插旗杆用的。"过厅"上方悬挂着"讽谐寓真"匾额。过厅正中矗立着三米多高的巨大碑刻。碑的正面是鲁迅的题词，背面是吴敬梓传。

鲁迅题词墨迹是："迨吴敬梓《儒林外史》出，乃秉持公心指摘时弊，机锋所向，犹在士林，其文又戚而能谐，婉而多讽；于是说部中书始有号称讽刺之书。"

庭院正中屹立一尊吴敬梓石像，单手执卷，长襟飘然，静默凝视，双目有神，一股儒雅骨骼。

展览室，高大雄伟，斗拱挂落，蔚为壮观。

进入展厅，各种资料陈列，异彩纷呈。大厅正中一尊两米多高的吴敬梓塑像，双手置膝，正襟危坐，右手卧长卷，凝视远方，显得端庄肃穆。陈列柜里，展出了各种版本的《儒林外史》和英、俄、日、德、法、西班牙、越等多种外文的翻译本。吴敬梓的手迹《奉题雅两大公祖出塞图》诗（影印件）也展示在这里。东厢展厅的陈列品充满浓厚的学术研究气氛，展出了当今研究《儒林外史》的专著论文。

跟着大师去旅行·1

西厢展厅，主要陈列的是吴敬梓曾祖吴国对的手书石刻，其内容为孝经家训和诗文书札，书体为楷、行、草，风格流畅秀逸。

郭沫若曾为吴敬梓纪念馆题诗一首："一史绘儒林，燃犀烛九阴，施罗比调在，暴政岂能喑。"

凤阳县庄周之墓

庄周墓在凤阳县临淮镇的开元寺之后。俗称开元寺为庄台寺。庄子名周，是战国时代的大思想家、文学家。他生前活动于涡河、淮河、濠水一带。《庄子·秋水》有记载庄子与惠子游于濠梁之上，庄子说出游的鱼快乐。惠施说："子不是鱼，安知鱼之乐？"于是一场千古流传的争论就在濠梁之上进行，而濠梁也因之传名。庄子临死时。曾对他的弟子说不必厚葬的道理，（尸体）"在上为鸟鸢食，在下为蝼蚁食，夺彼与此，何其偏也。"因为他不与统治者合作，贫困潦倒一生，仅是普通一墓。

苏轼曾写诗道：

> 常怪刘伶死便埋，岂伊忘死未忘骸。
>
> 乌鸢夺得与蝼蚁，谁信先生无此怀。

霸王庙与项羽的悲歌

项羽（公元前232-前202），名籍字羽，秦末农民起义领袖，下相（今江苏宿迁西南）人，贵族出身。秦亡后，自立西楚霸王。楚汉战争中，为刘邦所败。最后从垓下（今安徽灵璧南）突围到乌江自杀。

当项羽在垓下一战被汉军打败，在四面楚歌声中，面对着自己的爱姬（虞姬）和爱马（乌骓）仰天长叹，冲口而出悲歌：

> 力拔山兮气盖世，
>
> 时不利兮骓不逝。

骓不逝兮可奈何？

虞兮虞兮奈若何！

项羽自杀的地方是乌江，地处安徽东部和县境内的长江北岸，是惊天动地的楚汉争霸战争最后悲壮结束的地方。

乌江并非江名，而是乌江镇的名字。镇旁有一条驻马河，这里就是楚霸王当年被汉军追赶，不愿东渡而停马自刎的地方。对岸远处有一片河滩，据说项羽死后，乌骓马思念主人，对天长嘶不止，后来就滚到地上死去了。马一滚地，马鞍子一甩便甩到长江南岸去，变成一座马鞍山。

据《和州志》和《历阳典录》史料载，乌江建有霸王庙，该庙又叫项王庙、项王亭、西楚霸王灵祠。庙后还有一座霸王墓。据唐代李阳冰为该庙所立的"西楚霸王灵祠"的篆额看来，可知该庙当创建于唐代或唐代之前。霸王庙经过多次修葺、扩建，最盛时有大殿、配殿、行宫等建筑多达九十九间半。古代认为帝王可建祠百间，项羽虽功高业伟，终未成帝业，故少建半间。

北宋诗人王安石曾有《题乌江项王庙》一诗：

百战疲劳壮士哀，中原一败势难回。

江东子弟今犹在，肯为君王卷土来。

霸王庙遗址，距乌江东南二华里，在一块高出平地约五米，方圆约三四百平方米的台地上，正中耸立着一栋黑瓦粉墙的庙宇式古建筑。霸王庙的大殿现已锁着。原来蹲在庙前的一对石狮子，东倒西歪地埋在土里。大殿后，原有一座"西楚霸王之墓"，现已了无痕迹。

五十年代时，霸王店门首高悬着"拔山盖世"的金字横匾，两旁是一幅红底黑字的"山襟水带，虎啸龙吟"的对联，显示出当年霸王庙雄伟的气象和不凡的自然环境。正中三间大殿，东西两厢有侧殿、回廊。大殿的神龛上，并排地坐着霸王和虞姬的泥塑像。霸王黑面戟须，怒目圆睁；虞姬粉脸桃腮，微露哀怨。

乌江是项羽一生中最后活动的地区，这一带还留有许多与项羽有关的地名。如散兵镇（楚军最后被打散的地方）、失姬桥（虞姬失足落水的地方）、兰

跟着大师去旅行·1

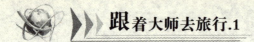

花塘（虞姬死后，头上的兰花金簪掉落的池塘）、霸王泉和霸王桩（项羽饮马和拴马的地方）等。

从前每年农历三月初三，这一带的人民都要过"霸王会"。届时，四乡八镇的人群前来赶会，观看男女青年们穿红着绿，抬着庙里项羽的神像，唱着俚曲，在鞭炮锣鼓声中，举行祭祀游行，分外热闹。

刘禹锡陋室

刘禹锡（772-842），字梦得，洛阳人，官至太子宾客。他与柳宗元、白居易交谊都很深，其诗通俗清新，富有浓郁的民歌特色。后来，因参与政治革新运动失败，被贬派连州（今广东连县）、夔州（今四川奉节）、和州（今安徽和县）任刺史。唐穆宗长庆四年（824年），刘禹锡建陋室于和州城内，并撰陋室铭。

铭曰："山不在高，有仙则名。水不在深，有龙则灵。斯是陋室，唯吾德馨。苔痕上阶绿，草色入帘青。谈笑有鸿儒，往来无白丁。可以调素琴，阅金经。无丝竹之乱耳，无案牍之劳形。南阳诸葛庐，西蜀子云亭。孔子云：何陋之有？"这篇铭文，经著名书法家柳公权书并勒之成碑。

陋室和《陋室铭》碑，因年代久远，原物皆毁。清乾隆知府宋思仁重建。现存陋室九间，并有岭南（今广东）金保福补书《陋室铭》碑一方。室内外保留原来风貌，前有石铺小院，石台阶，后有小山和龙池。环境雅洁清幽。

周瑜墓、小乔墓

周瑜墓在安徽庐江县城东一公里处。周瑜（175-210），字公瑾，汉末庐江郡（今庐江东南）人。出生士族，精于听乐。以功拜偏将军，领南郡太守，兼督东吴水军。建安十三年（208年）冬十月，曹操占领荆州后，统帅水军、步兵数十万，试图南下，一举消灭东吴。周瑜联合刘备，于赤壁大败曹操，威名大振。建安十五年卒于巴邱（今湖南岳阳），葬于故里。坟高二米，圆顶，封以灰色麻布纹大汉砖，墓门朝东，松竹环绕，景致宜人。明正统七年（1442年）庐江知县黄金兰于墓前立"吴名将周公瑾之墓"的碑。

在庐江县城西一公里，有小乔墓。小乔，东汉末庐江人乔玄（乔国老）女。小乔嫁周瑜。墓平地起坟，汉砖结构，面东背西。宣城地区宣州市谢朓楼与李白《秋登宣城谢朓北楼》

谢朓是南齐诗人，于明帝建武年间（494-496）出任宣城太守时，在郡治之北，陵阳山顶上，盖了一座房子，自名"高斋"，理事、生活于此。谢曾作诗《高斋视事》记此事。唐初，为怀念谢朓，在高斋旧址建楼，因楼北为名山敬亭，故又称"北望楼"。李白多次登楼抒怀，如《秋登宣城谢朓楼北望》：

> 江城如画里，山晓望晴空。
>
> 雨水夹明镜，双桥落彩虹。
>
> 人烟寒橘柚，秋色老梧桐。
>
> 谁念北楼上，临风怀谢公？

后李白诗广为传颂，楼名又被人称"谢公楼"、"谢朓楼"，唐贞元十五年（799年），白居易随其兄白幼文寓居宣城。白居易入仕后，曾写诗怀念谢朓楼，诗曰："飞舻遥贺敬亭山。"这座具有悠久历史的名楼，可惜，被日本侵略军炸毁。今已建为烈士陵园。

宣城敬亭山与谢朓、李白

敬亭山位于宣城北，古名昭亭山，是宣城的胜景之一。早在南齐时，谢朓曾留下《游敬亭山》名诗。

唐玄宗天宝十二年，诗人李白漫游到了宣城。他由于不断遭到封建统治阶级的排挤打击，产生了飘荡江湖、隐遁世外的念头，望着青翠的敬亭山，望着绿树丛间掠起的飞鸟，望着悠然而来、悠然而去的孤云，愤世嫉俗之情不能自禁，写下了流传千古的绝唱：

> 众鸟高飞尽，孤云独去闲。
>
> 相看两不厌，只有敬亭山。

跟着大师去旅行·1

秀美的敬亭山，得到诗仙的品评，从此名蓥天下。古代著名诗人王维、白居易、梅尧臣、文天祥、汤显祖、施国章等流连于敬亭之麓，皆留下诗文，仅县志收载的就有120多篇。自唐代以后，敬亭山建筑日益增多，主要有：一峰庵、拥翠亭、云齐阁、翠云庵、额珠楼、穿云亭、十贤祠、太白楼、古昭亭坊、勒诗石、裴公井、广教寺、双塔等等。

抗日战争初期，陈毅将军率部东进，途经宣城亦为名山留下《由宣城泛湖东下》名篇："敬亭山下橹声柔，雨洒江天似梦游，李谢诗魂今在否？湖光照破万年愁。"

宣城与白居易的《窗下列远岫诗》

白居易二十一岁时，离家远游。因无人荐举，不得不过着"衣食不充，冻馁并至"的生活。

贞元十五年（799年），白居易二十八岁，经他大哥白幼文（饶州浮梁主簿）和叔父季康（宣州溧水县令）的介绍，来到安徽宣城，拜见宣歙观察使崔衍。崔衍见他才思敏捷，十分器重，让他宣城住了下来，并批准他参加宣州当年秋天的州试。白居易"苦学力文"，认真准备应试。读书之暇，他对宣城一带的湖光山色、风俗人情也发生了浓厚的兴趣。有时去敬亭山、南湖，追踪大诗人谢朓和李白的遗踪，作有《南湖早春》《南湖晚秋》等诗，有时深入民间，察访劳动人民的生活，为诗歌创作积累了大量素材。

州试的题目有《射中正鹄赋》和《窗下列远岫诗》。白居易在《窗下列远岫诗》这样写道：

> 天静秋山好，窗开晓翠通。
>
> 遥怜峰窈窕，不隔竹蒙眬。
>
> 万点当虚室，千重叠远空。
>
> 列檐攒秀气，绿隙逐清风。
>
> 碧爱新晴后，明宜反照中。

宣城郡斋在，望与古时同。

经过考试，白居易成绩优异，被选为应贡的进士。他次年中进士，从此结束了"穷书生"的生活，并开始了他的政治生活。

宣城梅尧臣墓祠旧址及有关梅尧臣的传说

梅尧臣（1002-1060）北宋诗人。字圣俞，宣州宣城（今安徽宣州市）人。宣城古称宛陵，故世称梅宛陵。少时应进士不第。历任州县官属。中年后赐进士出身，授国子监直讲，官至都官员外郎。论诗重政治内容，对宋初有些作家的靡丽文风不满。他的诗风格力求平淡，对宋代诗风的转变影响很大。有《宛陵先生文集》。

至今宣城仍保留有梅尧臣的墓祠旧址。

传说诗人梅尧臣新婚不久，便从宣城老家到桐城任县主簿。一路山高林密，小道崎岖，心危自怯。一天，梅尧臣正在赶路，忽听耳边一阵风响，一只猛虎从面前迅奔而过，吓得他出了一身冷汗。后来他回到家中，对妻子谢氏谈起这件事，流露出留恋新婚不再出远门的情绪。谢氏听了，婉转地劝他说："艰难勤苦，是建功立业必经道路。那些长年累月闲在家里、只会陪着妻子，眉开眼笑的人，有什么值得羡慕的呢？"一席话说得梅尧臣心里热乎乎的，脸上发烫。后来，梅尧臣成了北宋著名的诗人和名宦。他在晚年追忆起这件事，并把它写成诗：

我昔吏桐乡，穷山使屡蹑。
路险独后来，心危常自怯。
下顾云容容，前溪未可涉。
半崖风飒然，惊鸟争坠叶。
马行闻虎气，竖耳鼻息胁。
逐投山家宿，骇汗衣尚浃。
归来抚童仆，前事语妻妾。
吾妻常自言，艰勤壮时业。

妄慕终日闲，笑媚看妇屠。

自是甘努力，于今无所慑。

桃花潭与李白《赠汪伦》

桃花潭在安徽泾县城西南四十公里青弋江边的翟村。潭在悬崖陡壁下，水深数丈，清澈见底。据传唐天宝十四年（755年），泾县名士汪伦，邀请李白到此游览，写信诡称："先生好游乎？此地有十里桃花；先生好饮乎？此地有万家酒店。"李白高兴而至，却不见桃花，也不见酒店。汪伦予以热情款待，实告说："桃花者，潭水名也，并无十里桃花。万家者，店主人姓万也，并无万家酒店。"李白大笑，两人畅饮至夜。汪伦款留李白数日，临行时赠马八匹，宝锦十匹，并亲自送行。李白感其意作《赠汪伦》诗一首：

李白乘舟将欲行，急闻岸上踏歌声。

桃花潭水深千尺，不及汪伦送我情。

从此，桃花潭驰名于世。今尚存"踏歌古岸"楼阁、酌海楼和纪念李白的文昌阁。文昌阁建于清乾隆年间，形状仿北京天坛，阁内饰以浮雕，有"文光射斗"巨匾。

如今踏歌古岸已修茸一新，东园渡口和龙潭渡口游人可游览彩虹桥、垒玉墩、神仙洞、谪仙楼等名胜。

杏花村黄公井与杜牧的《清明》诗

晚唐诗人杜牧（803-约852），京兆万年（今陕西长安）人。大和进士，历任监察御史，司勋员外郎、刺史，官终中书舍人。写景抒情的小诗，多清俊生动。亦能文，《阿房宫赋》颇有名，有《樊川文集》。杜牧的《清明》一诗，千百年来脍炙人口，妇孺皆知：

清明时节雨纷纷，路上行人欲断魂。

借问酒家何处有？牧童遥指杏花村。

诗中描绘出了一幅清明时节的江南绮丽春光画图：似烟非烟的蒙蒙春雨，红杏枝头挑出迎风招展的酒旗，花香混合着酒香，特别是时逢清明节，家家上坟祭奠亡人，此景此情使人心神忧伤。这诗中的杏花村在哪里呢？这个杏花村，就是安徽省贵池县城西郊的杏花村。贵池在唐代又名秋浦，原是一个江南比较大的州府，景色秀丽，人文荟萃。唐代的李白、白居易、杜荀鹤、罗隐，宋代的苏轼、王安石、岳飞，元代的萨都刺等，都到过这里，留下了诗篇和遗迹。

据《贵池县志》说，杏花村的故址，在贵池县城西郊。古时，方圆十里，一片杏林。阳春三月，杏花怒放，这是古池州十大名景之一。村里有酒店，号曰：黄公酒垆。店内有井，世称黄公井，产名酒。此即杜牧诗中所指的杏花村酒家。

这个村现叫桥头，因有一座长约一华里的钢筋水泥公路桥横跨在旁城而过的白洋河上。河水流不远就进入长江。这个村己与城区相连，成为贵池县的一个小工业区了。当年杏花村留下的唯一遗迹——黄公酒店的那口古井，就坐落在一家针织厂旁的一片小树林里，紧靠在一户人家的宅墙外边。据县志记载，这口古井的井圈上原刻有"黄公广润玉泉"六个大字，现已不可见了。并圈被摸上了一层厚厚的水泥。近年这一带相继建起了工厂，井水己被污染，不能饮用了。据说那口黄公古井上原建有亭，亭外立有碑。井南还有为纪念杜牧而建的杜公祠。祠内还有庭堂建筑，可惜都被日本侵略军烧毁了。如今贵池酒厂生产的"杏花村大曲"和"杏花村香泉"还是名震遐迩。

齐山翠微亭与杜牧、岳飞、韩世忠

齐山位于贵池市东南，离城约三里许。山上怪石嶙峋，洞穴深邃、景象奇异，享有江南"名山之胜"的美誉。

齐山之巅有翠微亭，俯瞰清溪，高爽可爱。翠微亭是唐代杜牧常与客人上亭临眺，或赋诗作乐，或借酒浇愁。他的《九日齐山登高》诗可资作证。南宋抗

189

金名将岳飞，在戎马倥偬之暇，曾上翠微亭览胜。他放眼祖国"好水好山"，想到北方尚有大片国土被金兵铁蹄践踏，感到肩上责任重大，于是，吟诗《池州翠微亭》一首，以抒发自己的满腔豪情：

> 经年尘土满征衣，特特寻芳上翠微。
>
> 好水好山看不足，马蹄催趁月明归。

但是，岳飞没有来得及实现自己的愿望和抱负，于绍兴十一年，就被卖国贼秦桧以"莫须有"的罪名杀害了。一时爱国大臣和将领，义愤填膺。韩世忠曾当面责问秦桧："莫须有三字何以服天下！"结果被解除了兵权。从此他常头戴一字巾，足跨小毛驴，寄情于西湖山水之间。

一日，韩世忠登临飞来峰，为了寄托岳飞的怀念之情，他就在飞来峰山腰建造了一座"翠微亭"。这样，池州翠微亭就重现于杭州，成为人们喜爱的游览场所。

九华山与历代文学家

九华山位于安徽省青阳县境，方圆约一百公里。山有九十九峰，以十王峰最高，海拔1341米，素有"东南第一山"。九华山古称九子山，唐大诗人李白于天宝年间（742–752）观其山秀异，九峰如莲花，写下了"妙有分二气，灵山开九华"等诗句，从此改名九华山。

九华山风光名胜很多，主要有十景：五溪山色、化城晚钟、东岩宴坐、平岗积雪、天台晓日、桃岩瀑布、舒潭印月、天柱仙踪、九子泉声、莲峰云海等。文学家、道家创始人葛洪曾来九华山炼丹采药，现在双峰十丈洞北有葛仙洞，卧云庵北有葛仙炼丹井。

李白写有《望九华山赠青阳韦仲堪》诗，韦仲堪，是李白的友人，为当时的青阳县令，诗曰：

> 昔在九江上，遥望九华峰。

天河挂绿水，秀出九芙蓉。

我欲一挥手，谁人可相从？

君为东道主，于此卧云松。

刘禹锡有《九华山歌》一诗：

九华山，在池州青阳县西南。九峰竞秀，神采奇异。昔余仰太华，以为此外无奇；爱女几，以为此外无秀。及今见九华，始悔前言之容易也。惜地偏且远，不为世所称，故歌以大之。

奇峰——见惊魂魄，意想洪炉始开辟。

疑是九龙天矫欲攀天，忽逢一声霹雳化为石。

不然何至今，悠悠亿万年，气势不死如腾仚。

云含幽兮月添冷，月凝晖兮江漾影。

结恨不得要路津，迥秀长在无人境。

轩皇封禅登云亭，大禹会计临东溟。

承樏不来广乐绝，独与猿鸟愁青荧。

君不见敬亭之山广索漠，兀如断岸无棱角。

宣城谢守一首诗，遂使声名齐五岳。

九华山，自是造化一尤物，焉能籍甚乎人间！

据清光乾隆《青阳县志》载，李白祠堂，旧志：在九华龙女泉测，后芜没不存。宋建于化城寺之东，寻吧。明永乐间重修建于并竖太白书堂石坊一座。今存遗址。

明诗人王守仁曾写《李太白书堂》诗：

千古人豪去，空山尚有祠。

竹深荒旧径，葬合失残碑。

云雨罗文藻，溪泉系梦思。

老僧殊未解，犹是索题诗。

王守仁先生曾于明正德年间，两次游九华山，并聚徒讲学，从者弥众。岩石上多留题字处。明嘉靖初建有王守仁祠，前有堂庑，后为仰止亭，肖像刻石中。

华祖庙及华佗"神医故里"

东汉名医华佗（？-208），字元化，谯（今亳州）人。华佗自幼读书，精通诸经，不谋仕途专攻医学，精通内、外、妇、儿、针灸各科，还发明麻沸散，编创五禽戏健身法，成为一代名医。

华佗与曹操同乡。华佗出生在亳州城北小华庄，其母为农妇，父在城里斗武营街设馆教学。人民为了纪念华佗在城里他的故居前建立了华祖庙，并塑了华佗像。塑像神采奕奕，目光炯炯，腰悬药葫芦，左脚前伸衣带飘动，仍如当年走街串巷，医疗疾病。庙内还陈列着大量的华佗医史文献和实物资料，以及亳州华姓献出铜器和老中医捐赠的古代华佗木雕像。清代宗能徵写飞有《谒华佗祠》一诗：

回春有术汉何亡？志士空怀济世方。
医国岂如曹相国，千秋遗恨在青囊。

穿过庙祠就是故后，位于洗芝塘畔，荆篱柴扉，土墙茅屋，有元华草堂、益寿轩、存珍斋。故居后是药园、药池，种上近百种药草，神医阁和五禽戏台耸立在碧水绿树之间。长篇小说《三国演义》使华佗的名声更大。《三国演义》描绘了华佗为关羽"刮骨疗毒"的故事。华佗治愈了关羽的病，表现了华佗的高超的医术，也突出了关羽的勇武的形象。可惜，这位著名医学家后来被曹操误害。据载，曹操患头痛病，请华佗医治，华佗使用针灸，针后好转。但曹操急于根治，华佗而认为只能缓治。

如此引得曹操很不高兴。后来华佗探亲回家，借妻子有病就没返回。不久曹操派人将他抓起来，关进监牢，最终死于牢中。据传，华佗在狱中还写了一本医书，临死前交给狱吏，狱吏怕受牵连，将书烧了，这真是中国医学史上的一大损失。

颍州西湖与欧阳修《采桑子》

皇佑元年（1049年）欧阳修知颍州（今安徽阜阳）。神宗熙宁（1068年），他在颍建起住宅。熙宁四年（1071年），便归老于颍。欧阳修非常喜欢颍州西湖。颍州西湖在阜阳县西北，颍水合诸水有汇流处，风景佳膀。欧阳修写过一组《采桑子》（共十首）题咏颍州西湖之作。我们选两首，其中一首写残春景色；另一首写湖上放舟的乐事与美景：

其一

> 群芳过后西湖好，狼藉残红。飞絮蒙蒙，垂柳阑干尽日风，
> 笙歌散尽游人去，始觉春空。垂下帘栊，双燕归来细雨中。

其二

> 轻舟短棹西湖好，绿水遥远，芳草长堤，隐隐笙歌处处随。
> 无风水面琉璃滑，不觉船移，微动涟漪，惊起沙禽掠岸飞。

嵇山上的嵇康亭

嵇康（224-263），字叔夜，三国时著名的思想家、文学家、音乐家。今安徽宿县西南人。在魏国曾做过中散大夫，世称嵇中散。他的朋友，原"竹林七贤"之一的山涛（山巨源），出山投靠司马氏当了吏部尚书，并带信给嵇康，劝他也出去做官。嵇康愤慨地写了《与山巨源绝交书》名篇从而也触犯了司马氏。嵇康为吕安大打抱不平，出面为吕安辩护，结果也被牵连下狱。嵇康临刑时，神色不变，索琴而弹，奏《广陵散》，曲终长叹"今后《广陵散》要绝传了！"说毕从容受刑，年仅三十九岁。鲁迅很称赞嵇康的文章，并将《嵇中散集》精心校勘，编成了《嵇康集》十卷。

在阜阳地区蒙城县嵇山上的嵇康亭，是为纪念魏晋"竹林七贤"之一的嵇

跟着大师去旅行·1

康而建立的。愤世嫉俗、仰慕庄子的嵇康，曾隐居于此。亭内名人题咏甚多。

合肥市包河公园里的包公祠

包公，即包拯（999-1063）字希仁，庐州合肥人。宋仁宗时任天章阁待制，龙图阁直学士，开封府尹，官至枢密副使。包拯生性耿直，不畏权贵，为官清正，俗称"包青天"。他的事迹和逸事长期流传民间。有些小说、戏曲也以他为题材，元杂剧就有《陈州粜米》等作品，以后流传甚广，形成许多传说。

后人为纪念他，特在安徽合肥市包河噶园香花墩设立祠堂。始建于明弘治年间，至明嘉靖年间，又重修书院，扩建家庙。现存建筑为清光绪八年（1882年）和1946年重修。香花墩曾是包拯读书处。祠内有包拯塑像和石刻像，陈列包拯墓出土文物资料，祠壁楹联之一云："照耀千秋念当年铁面冰心建谠言不希后福，闻风百世至今日妇人宿子颂清官只有先生。"祠旁有亭，亭内有井，名曰廉井，相传为官不廉者，不敢饮此井水。殿后还有一块李鸿章撰写的《重修包孝肃祠记》石碑。

现在包河、银河等等，连成一个环城园林带，成为览胜佳境。

包公墓园位于包河南畔林区，紧与西边的包公祠相映。墓园有主墓区附墓区和管理区组成。主墓体呈"覆斗形"，墓室内安放有包拯墓志铭和24米长的金丝南木棺，棺内安放包拯遗骨。北侧是附墓区，有包拯夫人董氏及其子、媳等墓5座。

浮槎山与欧阳修《浮槎山水记》

浮槎山，在肥东县店埠镇东20公里，为巢湖与肥东的界山。山势陡峭，奇石峥嵘，苍松挺秀，气势壮丽。主峰原有古庙，名甘露寺。寺南数百步有龙王殿。古时此处为朝山拜佛，避暑胜地。庙前有泉池两口，中间有三尺左右小埂相连。北池为清泉，水清味美，属肥东县；南池是浊泉，水浑浊，属巢县。两泉水深不足尺，久旱不干，大雨不涨，为肥东县的胜境，也是全国名泉。宋代欧阳修曾经作《浮槎山水记》，评该泉为甘泉。淮南市八公山与刘安庙

八公山在安徽淮南市西，淮水之南，淝水以北。相传西汉时淮南王刘安与八位友人炼丹于此，故名。东晋太元八年（383年），前秦苻坚南侵，东普谢

石、谢安御之淝水，发生了著名的淝水之战。秦兵溃败，符号登寿阳（今寿县）城，望八公山上草木，以为晋兵，"风声鹤唳，草木皆兵"典故，即出于此。山上原有刘安庙，今遗址尚在。

广济寺与宋代大诗人黄庭坚读书处

广济寺在安徽芜湖市赭山西南麓。始建于唐乾宁年间（894-897）宋大中祥符年间（1008-1016）改建，更名为广济寺。明景泰年间、清乾隆二十一年、嘉靖三年重修。整个殿宇依山结构，殿殿相连，层层高出。前殿至后殿，须登八十八级石阶。在山门、药师殿、大雄宝殿、地藏殿里曾供有大小佛像75尊。寺内藏有九华山金地藏和商尚印章——"出藏利成金印"。此印是唐至德二年（757年）用砂金铸成，重七斤多，印头刻有龙戏珠。殿后矗立一座古塔，名摇山塔，建于宋治平二年（1065年）。塔高五层，八面玲珑，塔顶圆形。

前有一楼阁，取宋诗人黄庭坚《赭山滴翠轩》诗中："青幢碧盖俨大成，湿翠蒙蒙滴画楹"句意，名为"滴翠轩"。相传是宋代大诗人黄庭坚读书处。1934年重修时在两壁嵌有黄庭坚和清诗人黄钺的石刻像。

黄庭坚有《赭山》诗：

> 读书在赤铸，风雪迷青萝。
> 汲绠愁冰断，村醅怯路蹉。
> 玉峰凝万象，琭莕绕群螺。
> 古剑摩空字，寒光启太阿。

镜湖与宋词人张孝祥

镜湖在芜湖市区的中心。镜湖，北依赭山，南傍弋水。湖面面积二百三十余亩。无风时，水平如镜，赭山和湖周围的亭台楼阁——倒映水中，天光云影，充满了诗情画意。这就是镜湖命名的由来。

据《芜湖县志》上说："镜湖即陶塘，乃宋人张孝祥捐田百亩，汇而成

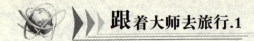

湖，环种杨柳、芙蕖，为邑中风景最佳处。"

张孝祥（1132–1170）南宋词人。字安国，号于湖居士，乌江（今安徽和县乌江镇）人。绍兴进士，官荆南、湖北安抚使。其词风格豪迈，颇有感怀时事之作。有《于湖居士文集》《于湖词》。

清人黄钺在《于湖竹枝词》中曾写到张孝祥在镜湖（一名陶塘）的生活情景：

> 升平桥畔状元坊，曾寓于湖张孝祥。
> 一自归考堂设后，顿叫风月属陶塘。
> 风卷松涛入梦醒，卧游曾对赭山亭。
> 分明天水明于练，一幅汤鹏铁画屏。

采石矶与太白楼、李白衣冠冢

采石矶，位于钢城马鞍山市西南七公里，如今已建成为一座风光绮丽的江滨公园。她的得名，据说与三国东吴赤乌年间（238–249）山寺和尚掘井得一采石有关。采石矶是翠螺山突入江中的峭壁悬崖。江滨公园是以粉墙碧瓦，飞檐高耸的传统建筑的太白楼为中心。楼前提有"唐李公青莲祠"横额，这是迄今全国规模最大的一座纪念李白的建筑。楼创建于唐代元和年间（806–820），后世历经兴废，现在的建筑是清代光绪三年（1877年）的遗物。太白楼分三层，依山势而建。底层用青石垒砌，二三层全系木质结构。步入一楼，迎面一座屏风，绘着一幅李白漫游采石矶的中国画。西厢壁上挂有诗人生平简介和游踪图。二三楼原供有李白泥塑坐像和卧像各一尊，如今已换成黄杨木雕的两尊，是现代雕塑家的作品，气宇轩昂，情态潇洒，颇为传神。坐像昂首傲睨，神态潇洒，体现了诗人"安能摧眉折腰事权贵"的高风亮节；卧者，举杯邀月，醉态朦胧，刻画出"古来圣贤皆寂寞，唯有饮者留其名"的傲岸不羁的性格。楼内还陈列有据说是李白的手书、古今中外李白诗集的不同版本，以及历代名人的有关著述和字画等珍贵文物。近年来还增添了一些现代有名书法家的楹联匾额，使太白楼为之面目一新。

采石矶是李白晚年常游之地。李白在此写下了《横江词》《望天门山》等一些不朽的诗篇，其中有一首《夜泊牛渚怀古》：

> 牛渚西江夜，青天无片云。
>
> 登舟望秋月，空忆谢将军。
>
> 余亦能高咏，斯人不可闻。
>
> 明朝挂帆席，枫叶落纷纷。

　　牛渚乃采石矶的古称。西江即楚江。谢将军，指东晋时镇守牛渚的大将谢尚。诗中用了有关谢尚善于赏识人才的典故。说东晋时，有一个很有才华的青年袁宏，因家贫不为人所知。一天傍晚，谢尚在江上荡舟赏月，忽听邻舟传来袁宏高吟他自己写作的《咏史诗》。谢尚非常欣赏，就邀他上船促膝长谈了一夜，后还推荐他作了官。李白以此感叹自己生不逢时，怀才不遇。

　　离开太白楼，沿着石级登上后山去瞻仰李白的衣冠冢。冢在翠螺山腰，用青石垒砌，高约2米。墓地附近，遍植松柏。在用大块的青石重修起高高的墓墙和宽宽的墓道，正中树立一块醒目的墓碑，上书"唐诗人李白衣冠冢"八个大字，乃当代名书法家林散之手笔。传说李白晚年常来江边的矶头上，饮酒赏月，对江吟诗。在一个皓月当空之夜，醉时跳入江中捉月，沉入江中。宋代诗人梅尧臣曾写诗道：

> 采石月下逢谪仙，夜披锦袍坐钓船。
>
> 醉中爱月江底悬，以手弄月身翻然。
>
> 不应暴落饥蛟涎，便当骑鲸上青天。

　　现在采石矶上建有提捉月台，翘首展翅，势态壮观，十分险峻。

黄山与历代文学家

　　黄山位于安徽南部，秦代称黟山，唐天宝六年（747年）改名黄山。黄山是紫铜色和铁青色，那为什么偏要叫黄山呢？相传，我们的祖先轩辕黄帝喜爱这座

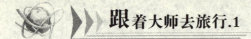

山，并带着术士容成子和仙人浮丘公来到这里成功地炼出了仙丹，所以称此山为黄山。现在黄山的轩辕峰、容成峰、浮丘峰，仍然耸立着。黄山有奇松、怪石、云海、温泉之"四绝"，还有湖、溪、潭、瀑等佳景。

李白曾写有《送温处士归黄山白鹅峰旧居》一诗：

黄山四千仞，三十二莲峰。

丹崖夹石柱，菡萏金芙蓉。

伊昔升绝顶，下窥天目松。

仙人炼玉处，羽化留余踪。

亦闻温伯雪，独往今相逢。

采秀辞五岳，攀岩历万重。

归休白鹅岭，渴饮丹砂井。

风吹我时来，云车尔当整。

去去陵阳东，行行芳桂丛。

回溪十六度，碧嶂尽晴空。

他日还相访，乘桥蹑彩虹。

赛金花故居

在黄山市黟县的世界文化遗产地西递、宏村之间，一处展现历史人物和徽派园林特点的新景区——赛金花故居，对外开放。

赛金花（1864-1936）原名郑彩云，祖籍安徽省黟县。赛金花的一生极富传奇色彩。早年曾作为公使夫人出使过德国、俄国、荷兰、奥地利四国，有机会进入上层社会并结识名流。1900年，八国联军入侵北京，烧杀掳掠，极尽恶事。后因赛金花偶遇早年有交情的德国统帅，她怀着"国家是人民的国家，爱国是人人的本分"（见《追述国难讲演录》）的责任心，竭力劝其约束士兵，保护中国文物和百姓生命，并在"庚子赔款"谈判中，极力斡旋，使谈判顺利成功。

她在历史上曾经起过积极作用。由于赛的特殊身份，最终未逃脱晚年凄凉、悲死寒门的命运。赛金花的风风雨雨的一生是在1936年12月4日在北京结束的，安葬在北京陶然亭公园。包括北京大学写过《赛金花本事》的刘半农教授和郑颖孙教授在内的许多知名人士和北京黟县会馆的乡人们都参加了她的葬礼。

黟县龙江乡上轴村仍保留着赛金花出生时居住的老房子，除了围墙是新的，原貌犹存。当你在上轴村看到赫然写着"赛金花故居欢迎你"的一行小字时，你就到了赛金花故居。赛金花故居大门正对这块路牌。

故居占地至少有3亩，故居大门就显出豪华气，门框是用整块的黟县青石料立就的，两旁的八字砖墙气宇轩昂。入门即是花园，花木中除了高大的枇杷树、石榴树外，最显眼的就是村人们习惯称之为"木樨树"的桂花树了，难怪进入主屋的门楣上方隐约可见的四字横匾为"木樨香处"，让人怦然心动不禁吟出"木樨香处育金花"的诗句来。

依靠在苏州经商的父亲每月捎来的"家用"，她和母亲在这儿相依为命欢度青春年少时光。

赛金花是由于母亲病逝之后才离开这儿到苏州随父亲生活，父亲病逝以后她才被迫于1886年步入青楼。

现在，赛金花墓早已在"文革"之后得以复原。

景区一期除了依据原貌恢复旧的赛金花故居外，还修复了赛氏祖居——归园。这些建筑集中体现了以石雕、砖雕、木雕艺术为特色的徽派园林建筑的独特风韵。

练江南岸的太白楼

太白楼在安徽歙县练江南岸。相传李白曾在天宝或至德年间，为寻访许宣平隐士来歙州，在此饮酒赋诗得名。

许宣平，歙县人，唐景云年间曾隐居于歙县紫阳山南坞，绝粒不食，颜如四十许人，行走如奔马，时负薪入城卖之，挑上桂花瓢及曲竹杖，醉归，独吟曰："负薪朝出卖，沽酒日西归。借问家何处，穿云入翠微。"拯人艰危，教其疾苦，访之多不见。唯有题壁诗：

> 隐居三十载，筑室南山巅。
> 静夜玩明月，闲朝饮碧泉。

樵夫歌垅上，谷鸟戏岩前。

乐矣不知老，都忘甲子年。

好事者把这首诗题于洛阳"同华传舍"间。天宝年间李白自翰林出，在洛阳传舍见这首诗，赞道："此仙人诗也！"于是前来访许，未遇。留下《题许宣平庵诗》：

我吟传舍诗，来访真人居。

烟岭迷高迹，云林隔太虚。

窥庭但萧索，倚柱空踟蹰。

应化辽天鹤，归当千岁余。

太白楼始建于唐，立于歙县太平桥头。背靠青山，面对练江，飞檐雕栋，是一座幽雅的双层楼阁。